come la galleta... compra los zapatos

DATE PERMISO A TI MISMA Y RELÁJATE

JOYCE MEYER

FaithWords

New York   Boston   Nashville

Título en inglés: *Eat the Cookie. . . Buy the Shoes*
© 2010 por Joyce Meyer
Publicado por FaithWords
Hachette Book Group
237 Park Avenue
New York, NY 10017

A menos que se indique lo contrario, todos los textos bíblicos han sido tomados de la Nueva Versión Internacional® NVI® © 1999 por la Sociedad Bíblica Internacional. Usada con permiso.

FaithWords es una división de Hachette Book Group, Inc.
El nombre y el logo de FaithWords son una marca registrada de Hachette Book Group, Inc.

ISBN: 978-0-446-56739-8

Visite nuestro sitio Web en www.faithwords.com

Impreso en Estados Unidos de América

Primera edición: Abril 2010

10 9 8 7 6 5 4 3 2 1

CONTENIDO

come la
galleta...
compra los
zapatos

CAPÍTULO
1

La galleta

Era sábado en la tarde en St. Louis, Missouri, durante nuestra convención anual para mujeres de 2007, y estábamos en un breve descanso para almorzar que precedía a la sesión final de la conferencia. Este es uno de los eventos más importantes que nuestro ministerio patrocina. Asisten miles de mujeres de todo el mundo, y requiere una tremenda cantidad de duro trabajo, creatividad y preparación. La conferencia de tres días comienza la noche del jueves, y cuando llega el descanso del almuerzo del sábado, yo normalmente estoy cansada mentalmente, físicamente y emocionalmente. Este evento en particular parece llevarse mucho de mí por varias razones. En la última sesión, siento una gran responsabilidad de asegurarme de que la conferencia concluya de manera que deje a nuestras asistentes vigorizadas y muy contentas de haber asistido.

Habíamos disfrutado de un pequeño almuerzo, y yo

estaba reuniendo toda mi fuerza preparándome para subir a la plataforma y llevar la conferencia a un fantástico final. Dave y yo íbamos saliendo del comedor cuando vi un plato de galletas con trocitos de chocolate que había pasado cuando iba eligiendo mi almuerzo del buffet. Cuando las vi esta vez pensé: "Realmente quiero (necesito) un pedacito de una de esas galletas". Me detuve ante la mesa y partí aproximadamente un tercio de una de las galletas y me la comí. Mientras avanzábamos hacia la plataforma, Dave dijo: "¿Te comiste parte de esa galleta?". Su tono de voz era acusador, y enseguida yo me puse a la defensiva. Me dieron ganas de decir: "Relájate... ¡es sólo un pedazo de galleta!".

Puede que te preguntes por qué Dave se interesó por un tercio de una galleta. Recientemente nos habíamos apuntado a un gimnasio, nueve meses antes de la convención. Hacíamos ejercicio tres días por semana y nos habíamos comprometido a seguir un plan de dieta especial que era bastante estricto. Cuatro días por semana comíamos principalmente proteínas y verduras; el quinto día se llamaba "día libre" porque hacíamos una comida que consistía en cualquier cosa que quisiéramos comer. Normalmente, ese día comíamos pasta y/o postre. Éramos libres para comer lo que quisiéramos durante esa única comida mientras al día siguiente regresáramos a nuestra dieta. Nuestro día libre aquella semana era el día siguiente, y Dave me había desafiado porque yo me había comido el pedazo de galleta el día equivocado.

En palabras de él mismo, sólo estaba intentando ayudarme. Pero yo no quería ayuda ni consejo. ¡Quería la galleta! Estaba cansada, había trabajado mucho en la conferencia, y necesitaba algo que me llevase hasta la línea de meta. No me importaba lo que era, pero necesitaba ser divertido, bonito, o dulce. Y la galleta resultó ser lo primero que vi y que encajaba en esa descripción. Al ser un hombre, Dave no entiende cosas como esa. Él es muy lógico y, en su mente, sencillamente era el día equivocado para comer la galleta. Él quería que yo supiera que me lamentaría después de habérmela comido. Sin embargo, yo no lo lamentaba en lo más mínimo. Sentía que me lo merecía, ¡y en el mismo conjunto de circunstancias volvería a hacerlo!

Mi amiga vio lo que estaba sucediendo entre Dave y yo, y con compasión y comprensión, puso su brazo en mi hombro y dijo: "Te mereces esa galleta, y si yo fuera tú, ¡cuando termine esta última sesión iría también a comprarme un par de zapatos!" (ella sabe que me gustan los zapatos). Ella entendió completamente que la galleta estaba satisfaciendo una de mis necesidades emocionales. Al ser un varón guiado por la parte izquierda del cerebro, Dave no entendió absolutamente nada.

Salí a la plataforma e hice una broma con respecto a ello, como normalmente hago en cuanto a la mayoría de las cosas que suceden entre Dave y yo, y todos los presentes lo disfrutaron inmensamente. En realidad, las mujeres vitorearon por tanto tiempo y con tanta fuerza, y se alegraron tanto de que me hubiese comido la galleta, que comencé a darme cuenta de que había un asunto más importante implícito en comer la galleta que había que explorar. Así nació la idea para este libro. Curiosamente, cuando la enseñanza sobre la galleta se emitió en el programa de televisión "Disfrutando la vida diaria", fue tan bien recibida que fue votado como el programa favorito del año por las personas que ven los programas. Obviamente, yo había tocado un tema sensible.

Hay ocasiones en que todas necesitamos comer la galleta y comprar los zapatos para ayudarnos a terminar lo que hemos comenzado o como manera de celebrar algo que hemos logrado. Tu galleta y tus zapatos pueden ser cualquier cosa que te guste. Puede ser una comida favorita, una siesta, una manicura o una pedicura. Si eres un hombre valiente que está leyendo este libro, puedes jugar al golf, ir a pescar, a un partido de fútbol, o cualquier otra cosa que te ayude a descansar y te renueve. Hasta puede que seas un hombre al que le gusta la manicura, la pedicura, los baños de burbujas, o una mujer a quien le gusta sacar herramientas y construir algo increíble. No tenemos que encajar en algún molde social. Somos libres para disfrutar de cualquier cosa mientras no sea inmoral ni ilegal.

Sinceramente desearía que la especie masculina fuese más comprensiva en cuanto a las galletas en la vida, pero la mayoría de los hombres sencillamente no parecen entenderlo. Dave tenía toda la intención de salir a golpear sus bolas de golf la tarde del sábado, que es su modo de relajarse y celebrar un trabajo bien hecho; ¡pero aún así tuvo el valor de hacer un comentario sobre mi galleta! No es justo que las galletas tengan calorías y las bolas de golf no tengan. Si cada bola de golf que Dave ha golpeado tuviese diez calorías, ¡él pesaría cuatrocientos kilos!

Dave verdaderamente intentaba ayudarme cuando

comentó sobre la galleta. Él me quiere inmensamente y es muy bueno conmigo; pero sencillamente no entendió mi necesidad en ese momento. Tristemente, si no confiamos en las elecciones que hacemos, podemos permitir fácilmente que los comentarios de otras personas nos hagan sentirnos culpables y arruinen el gozo que necesitamos experimentar en la vida al hacer las pequeñas cosas que significan mucho para nosotras. Mi amiga me rescató de la culpabilidad que me podría haber perseguido aquel día, y estoy agradecida a Dios por haberla usado. Yo no necesitaba culpabilidad al enfrentarme a la sesión final de la convención. ¡Necesitaba la galleta y más adelante el pensamiento de los zapatos aquel día!

> Tristemente, si no confiamos en las elecciones que hacemos, podemos permitir fácilmente que los comentarios de otras personas nos hagan sentirnos culpables y arruinen el gozo que necesitamos experimentar en la vida al hacer las pequeñas cosas que significan mucho para nosotras.

No estamos formadas para la culpabilidad

Hacer a las personas sentirse culpables por alguna cosa no es el modo de actuar de Dios. La fuente de la culpabilidad es el diablo; él es el acusador de los hermanos, según la Biblia (véase Apocalipsis 12:10). Dios nos dará convicción de las malas elecciones y acciones, pero Él nunca intenta hacernos sentir culpables. La culpabilidad nos presiona y nos debilita, pero la convicción que viene de Él produce conciencia del mal, y una oportunidad de cambiar y progresar.

No estamos formadas para la culpabilidad. Dios nunca quiso que sus hijos estuviesen cargados de culpabilidad, y por eso nuestros sistemas no la manejan nada bien. Si Dios hubiera querido que nos sintiésemos culpables, no habría enviado a Jesús para redimirnos de la culpabilidad. Él llevó, o pagó, nuestras iniquidades y la culpabilidad que causan (véase Isaías 53:6 y 1 Pedro 2:24–25).

> No estamos formadas para la culpabilidad.

Como creyentes en Jesucristo e hijos e hijas de Dios, hemos sido liberados del poder del pecado (véase Romanos 6:6–10). Eso no significa que nunca vayamos a pecar, pero sí significa que, cuando pecamos, podemos admitirlo, recibir perdón, y ser libres de la culpa. Nuestro viaje con Dios hacia una conducta correcta y la santidad es progresivo, y si tenemos que arrastrar junto con nosotras la culpabilidad de errores del pasado, nunca haremos progreso hacia la libertad y el gozo verdaderos. Quizá sea esa la principal razón por la cual tan pocas personas realmente entran y disfrutan de la herencia prometida por medio de una relación con Jesucristo.

Tu futuro no tiene lugar para tu pasado. ¿Cuánto tiempo malgastas sintiéndote culpable? Es importante que pienses en esto, porque pasar tiempo dando vueltas a errores del pasado es algo que Dios nos ha dicho que no hagamos. Él hasta nos envió al Espíritu Santo para ayudarnos a obtener libertad en esta área. No seas tan intensa en cuanto a cada error que cometes. ¿Qué si no eres perfecta? Ninguna otra persona lo es. Además, Jesús vino a buscar a los enfermos (imperfectos), y no a los sanos (perfectos).

> Tu futuro no tiene lugar para tu pasado. ¿Cuánto tiempo malgastas sintiéndote culpable?

El apóstol Pablo fue muy enfático en cuanto a la necesidad de soltar los errores del pasado a fin de tener fortaleza para proseguir hacia la meta de la perfección a la que Dios nos llama.

No es que ya lo haya conseguido todo, o que ya sea perfecto. Sin embargo, sigo adelante esperando alcanzar aquello para lo cual Cristo Jesús me alcanzó a mí. Hermanos, no pienso que yo mismo lo haya logrado ya. Más bien, una cosa hago: olvidando lo que queda atrás y esforzándome por alcanzar lo que está delante, sigo avanzando hacia la meta para ganar el premio que Dios ofrece mediante su llamamiento celestial en Cristo Jesús.

Filipenses 3:12–14

Satanás sin duda tratará de hacernos sentir culpables por nuestros pecados, fallos y debilidades. Aun peor, tratará de hacernos sentir culpables cuando no hayamos hecho nada malo. Hasta que mi amiga me alentó, ¡yo estaba a punto de sentirme culpable por haber comido un tercio de una galleta con pedacitos de chocolate el día equivocado! No había pecado alguno en comer la galleta. Podríamos comernos una docena de galletas, y seguiría sin ser pecado. No sería una elección buena o sabia, pero no sería pecado en el verdadero sentido de la palabra. Yo sólo necesitaba una pequeña celebración antes de acercarme al final de mi conferencia, y lo que casi conseguí fue una dosis de culpabilidad, frustración, y resentimiento, ¡todo ello por una cucharadita de masa de galleta!

He sondeado a muchas personas sobre este tema, y he descubierto que la mayoría de ellas se sienten culpables cuando aprovechan la oportunidad de celebrar. Se empujan a sí mismas a proseguir sin tener ninguna reserva de gozo en su tanque. El gozo es el combustible que necesitamos para llegar a la línea de meta de una tarea con una buena actitud. Puede que nos impulsemos a terminar, pero en algún punto en el camino probablemente nos amargaremos y sentiremos resentimiento si no nos relajamos y alegramos y tomamos tiempo para celebrar el viaje.

Yo creo que debemos confrontar las razones por las que tendemos a sentirnos culpables por disfrutar y celebrar la vida cuando Dios ha ordenado claramente que hagamos ambas cosas. Nuestro pensamiento ha sido pervertido en estas áreas. Satanás se las ha arreglado para engañarnos, y al hacerlo, tiene éxito en mantener a las personas cargadas y agotadas, sintiéndose resentidas y utilizadas debido al excesivo trabajo y responsabilidad. Necesitamos momentos de refrigerio y recreación al igual que de trabajo y de logro.

Cuando pregunto en grandes audiencias cuántas personas se sienten culpables cuando tratan de descansar o entretenerse, o hasta de hacer cosas que les gustan, imagino que al menos un ochenta por ciento de las personas levantan su mano. Yo era parte de ese ochenta por ciento hasta que decidí que no estaba formada para la culpabilidad y no iba a continuar permitiendo que un sentimiento renegado gobernase mi vida.

> Cuando pregunto en grandes audiencias cuántas personas se sienten culpables cuando tratan de descansar o entretenerse, o hasta de hacer cosas que les gustan, imagino que al menos un ochenta por ciento de las personas levantan su mano.

Estudié la Palabra de Dios acerca de la culpabilidad y estudié el carácter y la naturaleza de Él hasta llegar a estar totalmente convencida de que *Dios no es la fuente de la culpabilidad*. Veo la culpabilidad como un alienígena ilegal que ataca nuestra mente y nuestra conciencia, tratando de evitar que disfrutemos de todo lo que Dios ha provisto para nosotros. La culpabilidad no tiene ningún derecho legal a estar en nuestra vida porque Jesús ha pagado por nuestros pecados e iniquidades. Si está en nosotros ilegalmente, entonces necesitamos enviarla al lugar de donde provino: ¡el infierno! No le des carta blanca a la culpabilidad, o peor aún, ciudadanía, y le permitas que haga residencia en ti.

Yo antes era adicta a la culpabilidad. La única vez en la vida en que me sentía bien era cuando me sentía mal. Especialmente tenía dificultad para disfrutar porque no sentía que lo merecía. Yo era, sin duda, una persona que necesitaba concederme permiso para relajarme y alegrarme, y no ser tan intensa básicamente en cuanto a todo en la vida. Yo era intensa con respecto a cómo se comportaban y se veían mis hijos; era intensa con respecto a cómo se veía mi casa, cómo me veía, y lo que la gente pensaba de nosotros. Era intensa con respecto a intentar transformar a mi esposo en lo que yo pensaba que él debería ser. ¡Realmente no puedo pensar en ninguna cosa sobre la que yo no fuese intensa! Recuerdo ir a visitar al doctor en una ocasión porque estaba agotada todo el tiempo y me sentía horrible en general. Él habló conmigo cinco minutos y dijo: "Es usted una mujer muy intensa, ¡y su problema es el estrés!". Yo me ofendí, me fui de su consulta, y continué con mi estilo de vida intenso y estresante.

Yo no sabía cómo confiar en Dios en la vida cotidiana. Estaba desequilibrada en casi todo, y aún no entendía que la celebración y el disfrute son necesarios en nuestra vida y que no podemos ser sanas espiritualmente, mentalmente, emocionalmente o físicamente sin ellos. Debemos recordar que no estamos formadas para la culpabilidad, y deberíamos tratarla con agresividad cada vez que la experimentemos.

El mejor regalo que puedes dar a tu familia y al mundo es un ser sano, y no puedes estar sana sin que la celebración sea una parte regular de tu vida. Puedes cambiar toda la atmósfera de tu hogar sencillamente concediéndote permiso para relajarte y alegrarte.

CAPÍTULO
2

Feliz cumpleaños

Quiero ayudarte a ver todas las razones por las que tienes que celebrar. Comencemos con tu cumpleaños. El día en que naciste fue un día increíble, y cada aniversario de ese día debería celebrarse. Nosotros acabamos de celebrar el primer cumpleaños de nuestro nieto más pequeño, y la casa estaba llena de personas, regalos y comida. A él no le podría haber importado menos, ¡pero nosotros lo pasamos muy bien! Parece que siempre hacemos una gran fiesta del primer cumpleaños de un hijo, pero a medida que van pasando los años dejamos de pensar que es importante.

Cuando la mayoría de las personas llegan a los treinta años de edad, dicen cosas como: "Es sólo un día más y soy un año más viejo". "No necesito una fiesta, y no me importan los regalos. Es solamente otro día". Durante la mayoría de mis días de cumpleaños siendo adulta he trabajado. La oficina concertó una conferencia sin darse cuenta de que era mi cumpleaños y yo lo aprobé diciendo: "Bueno, es sólo un cumpleaños más". Las personas que me quieren me envían tarjetas y regalos, y alguien normalmente me invita a cenar si estoy en la ciudad o cuando regreso. Pero yo no tenía un espíritu de celebración en mi corazón al respecto. En cuanto a mí, yo era solamente un año más vieja. Decía cosas como: "Cuando uno llega a esta edad, otro año más no importa". Mi actitud era incorrecta, y siento haberme perdido tantas oportunidades de celebrar otro año de vida.

Cuando consideramos seriamente lo que el salmista David dijo en cuanto a nuestro nacimiento, nos damos cuenta de que necesitamos celebrar la increíble obra que Dios hizo cuando nos creó.

Tú creaste mis entrañas;
me formaste en el vientre de mi madre.
¡Te alabo porque soy una creación admirable!
¡Tus obras son maravillosas,
y esto lo sé muy bien!
Salmo 139:13–14

Quizá parte de la razón por la que no sentimos la necesidad de celebrar sea que carecemos de entendimiento sobre lo verdaderamente increíbles que somos. David dijo que su interior sabía que la obra que Dios había hecho era increíble, por encima de toda comprensión.

Si pudiéramos vernos a nosotras mismas desde la perspectiva de Dios, veríamos que tenemos una razón inmensa para celebrar el aniversario de nuestro nacimiento. Si vale la pena celebrar un año de vida con el entusiasmo que nosotros teníamos en el reciente cumpleaños de nuestro nieto, entonces deberíamos celebrarlo aun más conforme más mayores vayamos siendo. ¿Por qué no celebrar que Dios mantuvo el latido de tu corazón otro año al increíble ritmo de treinta y ocho millones de latidos durante el año? Tu sangre circula por tu cuerpo una vez cada sesenta segundos, y eso es realmente increíble considerando que tienes entre treinta y ocho mil y setenta y siete mil kilómetros de vasos sanguíneos en tu cuerpo. ¡Eso significa que tu corazón bombeó tu sangre por todos esos miles de vasos 525.600 veces el pasado año!

Nuestros cuerpos son vehículos increíbles. Oigo a mi esposo y a mis hijos hablar con tonos de maravilla sobre algún auto nuevo que admiran, y sin embargo nuestros cuerpos están infinitamente diseñados con más precisión y más brillantemente que cualquier automóvil jamás creado. Acababa de pasar mi sesenta y seis años de vida, y gracias a mi nueva comprensión de la importancia de la celebración, todos salimos a celebrarlo. Decidí tener una semana de celebración en lugar de un sólo día, y puedo decir sinceramente que fue el mejor cumpleaños que puedo recordar. Eso se debió principalmente a mi actitud de celebración. Comprendí que celebrar otro año de vida como un regalo de Dios era una manera de honrarlo a Él. Cuando cumplí los sesenta años, mi familia me organizó una maravillosa y gran fiesta; pero este cumpleaños fue aun mejor, porque yo realmente lo celebré con todo mi corazón.

De todos modos, me merecía alguna celebración.

Acabábamos de haber estado implicados en varias situaciones trágicas en las que había personas que conocíamos y queríamos. Yo estaba cansada. Además de todo eso, iba retrasada en mi calendario para escribir debido al tiempo que tuve que emplear en un proyecto inesperado de redacción, y necesitaba volver a comenzar enseguida en este libro. Mi cumpleaños resultó caer en medio de ese periodo, y lo utilicé como excusa para hacer fiesta, relajarme, conseguir ropa nueva, comer, pasar tiempo con personas a las que quiero, y dar a otros. Todas esas cosas tan naturales me ayudaron a recobrarme de los trágicos acontecimientos y de la carga de trabajo que acababa de tener, y me ayudaron a prepararme para el siguiente proyecto que tenía que abordar.

Traté de sentarme y comenzar este libro sin tomar tiempo para celebrar, y lo único en que podía pensar era: "¡Introducción!". Puse esa palabra en lo alto de la página y no pude pensar en una sola cosa que decir después. Necesitaba tomar tiempo para refrescarme por medio de la celebración antes de que la creatividad volviese a fluir. Decidí tener una semana de cumpleaños, y durante cinco días completos hice cosas que me gustaba hacer. Evité todos los problemas, me propuse no estar cerca de personas con las que me resulta desafiante estar, y tomé tiempo para disfrutar profundamente de cada cosa que hice. Después de dos días de celebrar, intenté volver a escribir y pude arreglármelas con una frase. Después de esa frase, no me vino nada más. De nuevo me quedé mirando a la página en blanco en la computadora, ¡y decidí celebrar durante unos días más! Al quinto día, pude sentir en mi alma que había hecho una transición y estaba preparada para trabajar otra vez. Hoy comencé a las seis de la mañana y he estado escribiendo por horas. Y he disfrutado cada momento.

Me siento preparada para trabajar y ser creativa; de hecho, ¡quiero trabajar! Si me hubiera negado a mí misma el periodo de celebración, como hice por muchos años, habría estado batallando, frustrada y resentida, pensando en que yo trabajaba todo el tiempo mientras otras personas se divertían.

Estoy segura de que la mayoría de ustedes, mujeres, que leen este libro han tenido muchas veces en que han sentido que ustedes hacen todo el trabajo, nadie realmente lo aprecia, y que sus esposos y sus hijos disfrutan de la vida sin siquiera darse cuenta de lo mucho que ustedes se sacrifican. Comúnmente se denomina síndrome de mártir, y yo lo padecí al menos durante la mitad de mi vida. La respuesta al problema no se encuentra en que otra persona haga algo por ti, aunque eso ayuda. La verdadera respuesta es que tú aprendas a celebrar tu propio progreso a fin de tener fuerza para comenzar el siguiente sin resentimiento. Me gusta cuando otras personas hacen cosas por mí o me alientan, pero he decidido que si ellas no piensan en eso, ¡yo misma lo haré!

Celebra lo ordinario

Cada día no puede ser un cumpleaños, y este día puede que sea uno muy ordinario para ti. Quizá acabas de hacer limpieza general, y en algún momento antes de que termine la semana necesitas visitar a tu mamá en la residencia, llevarla a una cita con el doctor, ir al supermercado, llegar a una conferencia padres-maestros, llevar a Juanito a su entrenamiento de fútbol, y ver el juego de bolos de tu esposo la noche del viernes para que él sienta que eres una buena esposa que se interesa por él. Mi sugerencia para evitar la amargura, el resentimiento, y quizá un suave colapso nervioso es tomar tiempo entre la limpieza general y el resto de las demás cosas que hay en tu calendario y hacer algo que realmente te guste y que se calificaría como celebración. Lo primero que tu mente va a decir es: "No hay tiempo para hacer eso". Pero te digo que necesitas sacar el tiempo. Y si lo haces, el resto de tus tareas serán más ligeras y alegres. Si no tomas tiempo para recargar tus baterías, entonces probablemente te dirigirás a alguna versión de emociones sofocantes: desaliento, depresión, desesperación, ira, resentimiento o autocompasión. Cuando comiences a sentirte baja, sencillamente toma tiempo para hacer algo que te "levante" el ánimo y te ayude a sentirte mejor con la vida en general.

Limpiar la casa es una tarea ordinaria, pero terminar el trabajo puede celebrarse. Quizá podríamos disfrutar más de la vida ordinaria y cotidiana si aprendiésemos a celebrar lo ordinario. En realidad te estoy invitando a encontrar creativamente razones para celebrar. No siempre podemos celebrar durante días, como yo hice para mi cumpleaños, pero hasta las pequeñas celebraciones pueden refrescarnos. Come una galleta, compra un par de zapatos, sal a almorzar con una buena amiga, siéntate al aire libre, da un paseo, o pon en tu café una cucharada de nata montada. Toma el tiempo de hacer cualquier cosa que sea especial para ti. Ni siquiera tiene que ocupar mucho tiempo, pero es necesario para un gozo óptimo y para mantener una buena actitud.

Normalmente nos aburrimos cuando hay demasiado de lo normal y corriente, pero estoy convencida de que eso es error nuestro. No tenemos que esperar a que nos suceda algo agradable, podemos ser agresivas y hacer algo agradable para nosotras mismas. Para muchas de ustedes, sé que esta es una idea nueva; una idea que puede parecer ajena y hasta nada espiritual. Pero puedo asegurarte que es parte del plan de Dios. Tú puedes crear variedad, y eso hará que tu vida sea más emocionante. Esta mañana me senté con mi computadora en mi regazo durante cuatro horas, y después me detuve por un rato para hacer otras cosas que tenía que hacer. Cuando volví a escribir, decidí sentarme en una parte distinta de la casa sólo para variar. Escogí un lugar donde podía mirar por la ventana y tenía mucha luz. Las cosas sencillas como esa no cuestan nada, pero son muy valiosas.

> No tenemos que esperar a que nos suceda algo agradable, podemos ser agresivas y hacer algo agradable para nosotras mismas.

Ningún día tiene por qué ser ordinario si entendemos el regalo que Dios nos está haciendo cuando nos da otro día.

Una actitud extraordinaria puede convertir enseguida un día ordinario en una aventura increíble. Jesús dijo que Él vino para que tuviéramos vida y la disfrutáramos (véase Juan 10:10). Si nos negamos a disfrutarla, entonces no es fallo de nadie más que nosotras. Me gustaría sugerir que seas responsable de tu propio gozo y nunca más le entregues a otra persona la tarea de mantenerte feliz. Tú puedes controlar lo que haces, pero no puedes controlar lo que otras personas hacen. Por tanto, puede que seas infeliz la mayoría del tiempo si solamente dependes de otros como tu fuente de gozo. El salmista David dijo que él se alentaba a sí mismo en el Señor, y si él puede hacerlo, entonces nosotras podemos hacerlo.

Salomón habló sobre celebración cuando dijo:

> Esto es lo que he comprobado: que en esta vida lo mejor es comer y beber, y disfrutar del fruto de nuestros afanes. Es lo que Dios nos ha concedido; es lo que nos ha tocado.
>
> *Eclesiastés 5:18*

Puedo ver por este pasaje de la Escritura que la galleta fue lo que me tocaba aquella tarde de sábado en 2007 en nuestra conferencia. Me ayudó a disfrutar mi trabajo, y desde entonces he aprendido mucho sobre el arte de la celebración. Lamento mucho haber vivido tanto tiempo sin ella, ¡pero estoy totalmente comprometida a pasar el resto de mi vida compensando el tiempo perdido!

Cada día vale la pena celebrarlo, pero especialmente el día de tu cumpleaños. Hazlo y no te reprimas. Dios te ha dado otro año para hacer lo ordinario y lo extraordinario, y te engañas a ti misma si no lo celebras.

Te mereces un poco de derroche

La Biblia nos enseña a ser prudentes, y eso significa ser buenas administradoras de todos nuestros recursos. Sin embargo, hay veces en que Dios es bastante extravagante con aquellos a quienes ama. A veces, en un esfuerzo por no desperdiciar, podemos llegar a ser totalmente baratas y tacañas. Algunas personas son especialmente así con ellas mismas. Conozco a personas que son generosas con otros, pero su actitud general hacia sí mismas es que pueden pasarse sin cosas. Dicen: "No necesito eso", o "puedo pasarme sin aquello". Pero yo creo que se están privando a sí mismas porque no sienten que merecen el costo de la indulgencia.

Quizá podamos aprender una lección de Jesús. Él se acercaba al momento de su sufrimiento y su muerte, y fue a la casa de Simón, donde una mujer llamada María se acercó hasta Él y derramó sobre su cabeza un perfume muy caro mientras Él estaba reclinado a la mesa. Como Él estaba en la mesa, supongo que, o bien estaba comiendo, o había comido (quizá una galleta). Cuando los discípulos vieron lo que ella hizo, se indignaron, diciendo: "¿Qué propósito tiene todo este desperdicio?". Ellos hablaban sobre que podría haberse vendido el perfume para dar el dinero a los pobres.

Jesús respondió diciéndoles que no molestasen a la mujer porque ella había hecho algo noble (digno de elogio y hermoso) por Él. Jesús dijo que siempre tendrían a los pobres con ellos, pero que no siempre le tendrían a Él. Dijo que lo que ella había hecho había ayudado a prepararle para las pruebas que le esperaban (véase Mateo 26:6–12). El perfume que ella derramó sobre Jesús probablemente tenía el valor de un año de salario, pero su extravagancia ciertamente le bendijo. El amor que ella le demostró ayudó a darle la fortaleza que Él necesitaba para afrontar los siguientes días de persecución, prueba, sufrimiento, crucifixión y muerte. Dios con frecuencia obra por medio de vasos extraños y de maneras inusuales para darnos valor y fortaleza. Un estudio más detallado de este increíble acontecimiento nos enseña que la casa en que Jesús estaba pertenecía a un leproso, y que anteriormente habían expulsado siete demonios de la mujer que le bendijo. Es interesante observar con quién escogió Jesús pasar tiempo en ese momento crítico en su vida: no fue con la multitud religiosa.

En esa ocasión en particular, Jesús estaba diciendo que para ese momento Él merecía la extravagancia, o lo que los discípulos consideraban un desperdicio. Sabemos que desperdiciar regularmente no sería bueno, pero todo es hermoso en su tiempo (véase Eclesiastés 3:11). Hay tiempo de obtener y tiempo de perder, tiempo de recoger y tiempo de repartir (véase Eclesiastés 3:6). Jesús ciertamente creía en dar a los pobres; Él y sus discípulos llevaban dinero con ellos cuando viajaban específicamente con el propósito de dar a los pobres que se encontraban en su camino. Pero el legalismo religioso no deja lugar para ser guiados por el Espíritu Santo. Todo está controlado por normas, regulaciones y leyes cuando uno es religiosamente legalista. Por eso Jesús les dijo cosas tan duras a las personas religiosas de su época, y también es la razón de que, cuando Él quería relajarse con amigos, escogiera personas normales y corrientes que habían cometido errores y querían perdón, misericordia, y una mejor manera de vivir.

Los discípulos vieron lo que sucedía desde su mente y no desde su corazón, y se perdieron el propósito de ello. A María se le había perdonado mucho y ella amaba mucho a Jesús; le amaba tanto que estuvo dispuesta a tomar lo que probablemente era su posesión más preciosa y derramarla toda sobre Él como acto de gratitud y de adoración. Su sincera muestra de afecto ministró a Jesús de forma tan profunda que Él dijo que ayudó a prepararlo para su sepultura. Toda esta historia es verdaderamente increíble, y contiene una maravillosa lección si realmente la vemos en profundidad.

Ver desde la perspectiva de Dios

Cuando vemos las cosas con los ojos de nuestro corazón, es más probable que veamos desde la perspectiva de Dios. Los pobres son ciertamente importantes, pero en ese momento Jesús necesitaba estar preparado para un acontecimiento transformador, y merecía apartarse de la manera normal y corriente en que normalmente se hacían las cosas.

Cuando nuestro ministerio lleva a personas a la misión por primera vez, ellas normalmente regresan a su hogar después de haber visto una grave pobreza, y sienten que nunca más deberían volver a comprar lo que no sea absolutamente y vitalmente necesario, y que deberían dar todo lo demás. Nosotros experimentamos lo mismo, pero pronto entendimos que aunque Dios nos pedía que ayudásemos a los pobres, no nos pedía que nosotros mismos nos hiciéramos pobres. Las personas que comienzan a sentirse culpables después de un viaje misionero y comienzan a vivir con lo que necesitan para apenas arreglárselas enseguida se vuelven infelices, a menos que, desde luego, Dios les haya dado una gracia especial para hacer un sacrificio tan extraordinario. No pueden entender por qué son infelices porque, después de todo, están haciendo algo noble; sin embargo, están haciendo algo que no es necesario y que Dios nunca les pidió que hicieran.

No podemos trabajar y nunca disfrutar del fruto de nuestra labor. No está en el plan de Dios para sus hijos. Al igual que no estamos formadas para la culpabilidad, no estamos destinadas por Dios a vivir con apenas lo suficiente para seguir adelante. Él es El Shadai, el Dios del más que suficiente. Él es Jehová-jireh, el Señor nuestro Proveedor. Él dijo que es poderoso para hacer más abundantemente de lo que podamos pedir, pensar o imaginar (véase Efesios 3:20). Él dijo que si somos fieles en llevar todo nuestro diezmo a la casa a fin de que siempre haya suficiente para ayudar a otros, Él abriría las ventanas de los cielos y gotearía (uy, cometí un error; en realidad dijo DERRAMARÍA) una bendición tan grande que no podríamos contenerla (véase Malaquías 3:10).

> No podemos trabajar y nunca disfrutar del fruto de nuestra labor. No está en el plan de Dios para sus hijos.

Sin duda, Dios quiere, y hasta nos manda, que demos a otros generosamente. Verás más adelante en este libro que en la Biblia aprendemos que dar a los pobres es parte de celebrar nuestras victorias y del progreso que hacemos en la vida. Pero Dios nunca quiso que nos sintamos culpables si tomamos tiempo para disfrutar de nuestro trabajo. El trabajo duro merece recompensa, y nunca debemos pensar que no lo merece. Dios recompensa a aquellos que le buscan diligentemente (véase Hebreos 11:6); por tanto, ¿por qué no nos daría Él que disfrutemos de la recompensa de otras cosas en las que trabajamos con diligencia?

Aquella tarde de sábado en el otoño de 2007, la galleta que me comí fue parte de una recompensa por mi duro trabajo hasta entonces en la conferencia. Fue para mí lo que el dulce perfume fue para Jesús. Me alentó durante el resto del viaje que yo tenía que hacer. Era un principio, y para ser sincera, el pedazo de galleta tuvo muy poco que ver con ello. Así que no te quedes fija en la galleta y te pierdas la lección. Podrías comenzar a comer galletas tres veces por día y no conseguir otra cosa sino más peso. La galleta fácilmente podría haber sido un cumplido por parte de la persona correcta, un abrazo, un perfume, un masaje en el cuello, o miles de otras cosas, pero el punto era que yo necesitaba un poco de algo para mí y mis emociones. Todas tenemos necesidades emocionales, e ignorarlas causará un grave problema con el tiempo. Dios nos dio emociones, y no es incorrecto hacer lo que sea necesario para mantenerlas fuertes y sanas. No debemos permitir que las emociones nos gobiernen, pero negar su existencia es igualmente peligroso.

La galleta no me llenó. Podría haberme pasado sin ella, probablemente fue un desperdicio de calorías; sé que un nutricionista diría que no tenía valor nutritivo. Pero no me importaba en lo más mínimo; ¡YO QUERÍA LA GALLETA Y ME LA COMÍ!

¿Es un desperdicio comprar más de lo que ya tienes?

Puede ser un desperdicio y un terreno propicio para los problemas económicos comprar más de lo que ya tienes, pero hay veces en que es una conducta aceptable. Lo primero que tienes que preguntarte es si puedes permitirte lo que estás comprando. Lo que es malgasto para una persona puede ser totalmente permisible para otra, dependiendo del nivel de ingresos. Una manera de definir la extravagancia es tratar de vivir por encima de lo que uno puede permitirse cómodamente. Recomiendo que no compres ni comas cosas sólo por entretenerte o alentarte si no puedes permitírtelo o si perjudicará a tu vida en general de alguna manera. Todo lo que hacemos debería estar guiado por los principios de la sabiduría.

A la mayoría de las mujeres les gustan pequeñas cosas como un jabón que huele bien, el perfume, los aretes, los zapatos, una nueva camiseta, o alguna cosa pequeña que sea agradable a la vista. ¿Necesitamos todas esas cosas? Desde luego que no, pero las disfrutamos. Y el disfrute tiene valor intrínseco. Necesitamos disfrutar de nuestro viaje por la vida. A mi esposo le encanta ir a la tienda de artículos de golf, y desde luego yo no puedo entender eso en absoluto, ya que él ya tiene palos de golf, bolas, guantes, zapatos, sombreros, y todos esos artículos del golf. Pero a él le encanta ir allí, y normalmente sale con algo, al igual que yo haría si fuese a una tienda de complementos para mujeres.

Jesús no murió para que pudiésemos ser miserables y negarnos a nosotros mismos todo lo que disfrutamos o que es bonito. Él sí dijo que deberíamos negarnos a nosotros mismos, pero estaba hablando de abnegación a fin de servir a otros en lugar de ser egoístas y centrados en nosotros mismos. Jesús no fue a la cruz porque nosotras compramos y nos ponemos aretes u otros complementos, o debido al maquillaje, o las películas, o los bailes, o los juegos de naipes. Él tuvo que ir a la cruz debido a los celos, la avaricia, la ira, la lujuria, la murmuración, la crítica, la mentira, el odio, y otros pecados similares. Obviamente, puede que haya veces en que sea necesario y oportuno negarnos el artículo del que ya tenemos más, pero tenemos la libertad como individuos de ser guiados por el Espíritu Santo.

También creo que hay diferentes periodos en nuestras vidas en los cuales puede que necesitemos seguir diferentes pautas. Cuando Dios me estaba enseñando que necesitaba más de Él que de ninguna otra *"cosa"* en la vida, me dijo que no le pidiera nada excepto más de Él hasta que Él me diera permiso para hacerlo. Aquel fue un periodo de abnegación en mi vida que duró seis meses, con el propósito de enseñarme una importante lección espiritual. Todas tenemos periodos como ese, y es importante ser capaces de entrar y salir de los diversos periodos de nuestra vida con comodidad. Si yo tengo que comprar aretes, o Dave tiene que ir a la tienda de artículos de gol, para ser feliz, entonces tenemos un problema, pero si es algo que simplemente disfrutamos, entonces Dios lo sancionará y hasta nos ayudará a encontrar lo que estemos buscando.

Los mismos discípulos que pensaron que María estaba desperdiciando cuando derramó el perfume sobre Jesús argumentaban entre ellos mismos cuál de ellos creían que era el más grande. Vieron y juzgaron como desperdicio el regalo sacrificial de María, pero no vieron su propio orgullo, arrogancia y espíritu competitivo. Necesitaban mirarse a sí mismos en lugar de mirar a María, porque el orgullo de ellos era pecado, y no la generosidad de ella.

Jesús intentó decirles que necesitaban limpiar el interior de la copa y no preocuparse tanto por el exterior, pero la mayoría de ellos nunca entendieron realmente lo que Él estaba diciendo. Él quería que entendiesen que a pesar de lo perfectamente que se comportasen o cuántas leyes y reglas guardasen, nada de eso significaba nada si su corazón no era correcto. Ellos en realidad nunca entendieron que lo importante no era el perfume o lo que costaba, sino que la actitud de corazón de María era valiosa y alentadora para Jesús. El perfume era sólo el vehículo que transportaba el amor que ella sentía y que demostró.

Una lección importante que he aprendido es poner todos mis recursos a disposición del servicio a Dios y al hombre. Eso no significa que Dios requerirá de mí que dé todo lo que tengo, pero sí significa que estoy preparada para soltarlo si Dios me lo pide. Ocasionalmente, Dios probará nuestra obediencia y lealtad a Él pidiéndonos que demos algo que significa mucho para nosotras. Si somos capaces de obedecerle con prontitud y con gozo, es evidencia de que aunque tenemos cosas, ellas no nos tienen a nosotras.

Jesús dijo que las personas que tienen riquezas y se aferran a ellas tienen dificultad para entrar en el reino de Dios (véase Marcos 10:23). Tener no es un problema; el problema es no ser capaz de soltar lo que tenemos. Sé un canal y permite que lo que llega a ti fluya por medio de ti.

Dios es un decorador increíble

¿Has prestado atención alguna vez a cómo estaba decorado el templo de Dios bajo el Antiguo Pacto? Era muy hermoso y ornamentado, así que a Dios deben de gustarle las cosas bonitas. Estaba construido con la mejor madera disponible, y todo —y quiero decir todo— estaba recubierto de oro. La casa de Dios que Salomón construyó para honrarle estaba llena de oro, plata, telas caras, y todo tipo de piedras preciosas conocidas para el hombre. Estaba construida con lo mejor de lo mejor.

Lo que leemos sobre el cielo suena también bastante increíble. Calles de oro, un mar de cristal, y una puerta hecha de una sola perla. Como alguien que disfruta de la ropa bonita, he observado cómo se vestían los sacerdotes en el Antiguo Testamento; e iban bastante engalanados. Mi punto es que a Dios le gustan las cosas bonitas, y no hay nada de malo en que también a nosotros nos gusten. Alguien que asistió a una de mis conferencias envió una carta de queja porque yo llevase aretes de diamantes de imitación. Pensaba que los aretes eran demasiado llamativos, y yo no pude evitar preguntarme cómo se sentiría esa persona si llegase al cielo y viese cómo Dios decora. ¿Malgastó Él cuando dio instrucciones sobre cómo había que decorar el templo? Estoy segura de que Él pudo haber recortado algunas cosas y no haber sido tan extravagante. Seguramente, parte de ese oro podría haberse dado a los pobres. Creo que necesitamos entender que hay momentos en que Dios es extravagante, pero eso no significa que Él esté desperdiciando. Nada se desperdicia si se usa para un propósito correcto, y bendecirse a uno mismo a veces es correcto y necesario.

Nada se desperdicia si se usa para un propósito correcto, y bendecirse a uno mismo a veces es correcto y necesario.

Las personas religiosas con frecuencia dicen que el apóstol Pablo dijo que las mujeres no deberían llevar ropas caras o joyería, y que no deberían llevar peinados elaborados. Algunos han añadido maquillaje, pero yo no puedo encontrar ninguna referencia al maquillaje en la Biblia. Personalmente, yo necesito el mío, y lo sugeriría también para algunas personas que he visto. Si a Dios no le gustase el color, no lo habría creado. Veamos lo que dijo Pablo en realidad.

Que la belleza de ustedes no sea la externa, que consiste en adornos tales como peinados ostentosos, joyas de oro y vestidos lujosos. Que su belleza sea más bien la incorruptible, la que procede de lo íntimo del corazón y consiste en un espíritu suave y apacible. Ésta sí que tiene mucho valor delante de Dios.

1 Pedro 3:3–4

Lo que el apóstol dice es que las mujeres no deberían preocuparse solamente o meramente por cómo se ven y por tener mucha ropa, sino que principalmente, y antes de nada, deberían preocuparse por tener una correcta actitud de corazón. Él no dijo que las mujeres no deberían tener más de un vestido, y que no deberían mostrar colores y mostrar un estilo anticuado. No dijo que llevar joyas fuese un pecado, pero sí dijo que preocuparse demasiado por esas cosas era incorrecto. Admito que he visto algunos excesos bastante aborrecibles, pero cuando los he visto, también he visto juntamente con ellos algunas actitudes aborrecibles. Cuando las personas tienen un corazón recto hacia Dios, hacen cosas con equilibrio y siempre se preocupan por representar a Dios de manera adecuada.

A mí me parece que Dios es un decorador increíble. Él puede escoger mi armario y decorar mi casa en cualquier momento. Solamente mira el modo en que Él ha decorado la tierra. Existen miles de miles de especies de animales y aves, y de árboles y flores. ¿Cuántas especies de animales existen? La respuesta correcta es que nadie lo sabe realmente. Se han nombrado más de un millón, pero los expertos dicen que posiblemente haya otro millón a la espera de ser descubiertos. Hay veinte mil especies de peces, seis mil de reptiles, nueve mil de aves, y mil quinientas de mamíferos. La mayoría ni siquiera quiere sugerir el número y la variedad de insectos que hay en la tierra. Hay casi veinte variedades de pingüinos; a mí me parece un poco excesivo, pero supongo que a Dios le gusta la variedad. Hay 6.500 variedades de rosas, al menos 7.500 variedades de manzanas y 7.500 variedades de tomates, pero no todos ellos se producen comercialmente.

CNN.com dice que los estudios cuentan miles de millones de estrellas dentro del rango de los telescopios modernos.

No estoy segura de cómo las contaron, pero el punto es: ¿necesitamos todas ellas? ¿Es desperdicio o exceso tener tantas en el espacio que ni siquiera podemos verlas? El punto que intento establecer es que a Dios no sólo le gusta la variedad; obviamente, Él tiene mucho más de todo de lo que tendría que tener. Él hace mucho más abundantemente y por encima de lo que se requeriría. Dios se deleita en sorprendernos. Tomemos a los pingüinos, por ejemplo. Me encantan las películas y los documentales sobre pingüinos. Son graciosos, bonitos, y tienen hábitos increíbles. Parece que visten esmoquin, y su forma de andar es muy divertida. Me encanta la película *Happy Feet*, que se trata de un pingüino que no podía cantar como los otros, pero que tenía pies felices; ¡podía bailar! Cuando veo pingüinos, me alegra. Estoy convencida de que Dios hace mucho de lo que hace solamente para nuestro disfrute y para hacernos felices.

A Dios le gustan las fiestas

Una fiesta es una ocasión festiva, y ciertamente se calificaría como celebración. De hecho, muchas celebraciones adoptan la forma de una fiesta. Tenemos fiestas de cumpleaños, fiestas de Navidad, fiestas de oficina, fiestas de aniversario… podemos hacer una fiesta de cualquier cosa. El primer milagro que Jesús hizo y que se registra fue hecho en una fiesta. Yo creo que eso es interesante, como mínimo, y que deberíamos anotarlo en nuestros bancos de la memoria. Jesús fue invitado a una boda, y mientras Él estaba allí se quedaron sin vino, así que Él convirtió agua en vino para que la fiesta pudiese continuar tal como estaba planeada. No importa cuál sea tu doctrina en particular sobre el vino, pero el hecho sigue siendo que Jesús lo hizo para la fiesta, así que no te enredes en el vino y pases por alto el punto. Jesús asistió a la fiesta; no tenía nada en contra de la fiesta, y quería que la gente disfrutase de la fiesta.

Estoy dándole mucha importancia a esto porque creo que muchas personas religiosas no podrían pasarlo bien en una fiesta si su vida dependiera de ello. Probablemente encontrarían algo de malo en la música, en la forma de vestir de la gente, y, desde luego, en el vino. Pensarían que el dinero gastado para hacer la fiesta podría haberse usado para un propósito más importante. Las personas religiosas no parecen saber cómo pasarlo realmente bien, pero las personas que tienen una relación genuina con Jesús pueden de alguna manera disfrutar de todo. La persona religiosa tiende a evitar casi todo lo que pudiera considerarse divertido en un esfuerzo por no pecar, pero la persona que tiene una relación íntima con Dios y es guida por el Espíritu Santo puede hacer todas las cosas con moderación.

Durante mis primeros años como cristiana, yo iba a la iglesia y trataba de ser buena hasta cierto punto, pero, sin duda alguna, era una cristiana tibia y que hacía concesiones. Entonces llegué a un punto en la vida en que quería más de Dios de lo que tenía, y realmente me puse seria en cuanto a mi relación con Él. Me puse tan seria que lo único que hacía era ir a la iglesia, a las reuniones de oración y a los estudios bíblicos. ¡Yo no iba a fiestas! Me tomaba a Dios demasiado en serio como para desperdiciar mi tiempo en cosas frívolas como esas. Dejé de jugar al voleibol, dejé de jugar a los bolos, dejé de jugar al golf con Dave; de hecho, dejé todo lo que era divertido y llegué a estar peligrosamente cerca de ser uno de los fariseos a los que Jesús menospreciaba (véase Mateo 23). Finalmente tuve agotamiento espiritual, y mi vida estaba tan desequilibrada y era tan aburrida que comencé a estudiar las Escrituras por mí misma en cuanto al gozo y el disfrute de la vida. Descubrí que a Dios le gustan las fiestas, una actitud alegre, las risas, la celebración, y los festivales. A Él también le gusta la santidad, y la buena noticia es que podemos ser santos y disfrutar de una fiesta. Jesús realmente dijo que Él vino para que podamos tener vida y disfrutarla, y que la tengamos en abundancia hasta que rebose. Yo, sin duda, no tenía eso, así que decidí que iba a aprender a disfrutar realmente de la vida. Yo era definitivamente una de las personas para las que escribo este libro. ¡Necesitaba concederme permiso para relajarme y alegrarme!

Sé que algunas de las personas de mente más religiosa están pensando ahora mismo: "Bueno, Joyce, la Biblia sí dice que seamos serios, sobrios, disciplinados, prudentes y diligentes". Tienen razón, y necesitamos ser todas esas cosas, pero también necesitamos celebrar, y si no lo hacemos nos estaremos perdiendo la chispa de la vida. Todo, incluyéndonos a nosotras, será soso y aburrido.

Únete a mi fiesta

Cuando Jesús invitaba a personas a convertirse en sus discípulos y a seguirle, les preguntaba si querían unirse a su fiesta. Entiendo que hablaba de su grupo, pero me gusta pensar que viajar con Jesús probablemente era muy divertido al igual que había mucho trabajo. Él le dijo al joven rico del que leemos en Lucas 18 que hiciera a un lado su estilo de vida egoísta y se uniese a su fiesta. El joven rico tenía dinero, pero el dinero le controlaba, y Jesús quería que aprendiese que el verdadero gozo no se encuentra en lo que poseemos, sino en vivir para el propósito correcto. Repetidamente a lo largo de los Evangelios (Mateo, Marcos, Lucas y Juan) vemos a Jesús invitando a personas a dejar sus estilos de vida y unirse a su fiesta, y Él sigue extendiendo esa invitación en la actualidad.

Vivir para Dios, servirle a Él y a otros puede ser estupendo si lo vemos con la mente de Cristo. Hoy he estado trabajando todo el día, y puedo verlo como t-r-a-b-a-j-o o puedo decidir que voy a tener una fiesta (diversión) mientras hago mi trabajo. ¡Se trata de a-c-t-i-t-u-d! ¿Cuál será mi actitud? La misión que Jesús tenía no podía haber sido más seria y, sin embargo, estoy positivamente convencida de que Él se reía con sus discípulos, hacía bromas sobre sus boberías, disfrutaba de la comida, descansaba, y de algún modo se las arreglaba para convertir la misión en algo que era agradable. Cuando recibimos a Jesucristo como nuestro Salvador y decidimos que queremos ser cristianos y vivir un estilo de vida cristiana, no vamos a una asamblea solemne o a un funeral; ¡nos estamos uniendo a su fiesta! Mi imagen favorita de Jesús es una que he visto de Él riéndose.

Jesús hasta puede hacer que morir al yo, lo cual significa ser librado de una vida egoísta y centrada en uno mismo, sea un interesante viaje si lo vemos de la forma adecuada.

Yo hablo mucho de madurez espiritual, morir al egoísmo, tomar la cruz y vivir una vida santa, y continuamente me sorprendo por las muchas personas que ríen mientras lo hago. De algún modo el Espíritu Santo saca la enseñanza de mí de una manera que hace reír a la gente mientras están siendo corregidos. ¡Dios es increíble! La gente me dice todo el tiempo lo divertida que soy y, sin embargo, yo hablo un mensaje muy claro y duro, que es bastante serio. ¡Me he unido a la fiesta de Jesús!

Estás invitada a la fiesta

Una de las historias bíblicas más conocida y querida habla sobre un joven que dejó la casa de su padre para salir al mundo y vivir la vida a su propia manera. Malgastó toda su herencia en una vida indisciplinada, y finalmente terminó con un empleo de alimentar a cerdos y comer lo que ellos comían. Tomó la brillante decisión de regresar a la casa de su padre entendiendo que tendría una vida mejor como sirviente de su padre que viviendo de la manera en que vivía en el mundo. Su padre lo vio llegar mientras miraba en la distancia e inmediatamente planeó una fiesta. Las palabras exactas fueron: "Traigan el ternero más gordo y mátenlo para celebrar un banquete" (Lucas 15:23). Le dio a su hijo ropas nuevas, un anillo especial, zapatos nuevos, y preparó una fiesta increíble. Estaba muy feliz de que su hijo hubiese vuelto en sí y hubiese regresado a casa. Todos disfrutaban de la fiesta, la música era alta, y el hijo mayor que volvía de trabajar en el campo lo oyó; preguntó que sucedía, y cuando oyó la noticia se indignó y se enojó, y se negaba a entrar en la fiesta. Su padre le rogó que participase, pero él prefirió enfurruñarse, sentir lástima de sí mismo, y hacer acusaciones hacia su hermano y su padre. Nada de su mala actitud hizo que su padre detuviese la fiesta, pero sí evitó que él entrase y participase.

El hermano mayor recordó a su padre que él había servido y trabajado para él por muchos años y nunca había causado ningún problema, y ni una sola vez nadie le había hecho una fiesta. Su padre respondió que él podría haber tenido una fiesta siempre que hubiese querido, porque todo lo que el padre tenía era siempre de él. Para mí, esta es una lección increíble, y que no podemos permitirnos no ver. Dios nos ama, y todo lo que Él tiene es nuestro mientras le pertenezcamos a Él. Él aprecia nuestro trabajo y esfuerzo por agradarle, pero si nos negamos a disfrutar de los beneficios de ser hijas de Dios es culpa nuestra, no de Él. Podemos tener una fiesta siempre que queramos tenerla. Cada día puede ser una fiesta si aprendemos el arte de la celebración.

> Cada día puede ser una fiesta si aprendemos el arte de la celebración.

Jesús dijo que el reino de los cielos es como un rey que dio un banquete de bodas para su hijo y envió a sus sirvientes a llamar a los que habían sido invitados, pero estos se negaron a ir. Envió a otros siervos y trató una vez más de que acudiesen al banquete (fiesta), pero ellos los trataron con desprecio y se fueron cada uno a sus granjas o sus negocios (véase Mateo 22:2–5). Me resulta muy triste que tantas personas vivan una vida de estrés y de presión porque sencillamente no conocen el arte y el valor de disfrutar del viaje.

Fiestas y festivales

Cuando estudio el Antiguo Testamento y el estilo de vida de los israelitas, que eran el pueblo escogido por Dios, veo que estaba lleno de fiestas. La primera celebración que vemos registrada en la historia bíblica es el día de reposo, que era una celebración de la creación. Dios trabajó seis días, y al séptimo día descansó de sus labores y tomó tiempo para disfrutar de lo que había logrado. Él ordenó que el séptimo día de cada semana se celebrase como día santo para el Señor. El día de reposo era un día en que el pueblo recordaría y celebraría todo lo que Él había hecho por ellos, y lo que Él había creado (véase Éxodo 20:8–11). Era un tiempo de reflexión, restauración y celebración.

La fiesta y la celebración de la Pascua se instituyeron para que el pueblo recordase siempre cómo Dios los había protegido y liberado del ángel de la muerte que pasó por todo Egipto, matando a todos los primogénitos de los animales y de las familias (véase Levítico 23:5). La muerte del primogénito fue un juicio sobre Faraón, quien se había negado a obedecer a Dios y permitir que los israelitas se fuesen de su esclavitud en Egipto.

Aquella noche fue una noche para recordar, y merecía una celebración anual. Dios quiere que recordemos lo que Él ha hecho por nosotros. Si no eres judía, probablemente no celebras la Pascua, pero deberíamos mantener el espíritu de esa fiesta celebrando cosas similares que Dios haya hecho por nosotros. Deberíamos recordarlas, hablar de ellas con amigos y familiares, y no dejar nunca de celebrar la bondad de Dios en nuestras vidas.

La fiesta de los Panes sin Levadura comenzaba inmediatamente después de la fiesta de la Pascua y duraba siete días. Fue instituida para recordar al pueblo su salida de Egipto y que habían dejado atrás la vieja vida y entraban en una nueva manera de vivir. Imagina: ellos tenían una fiesta tras otra (véase Levítico 23:6–8).

La fiesta de las Primicias llegaba después. Era una celebración en la época de la cosecha de la cebada para recordar al pueblo cómo Dios había provisto para ellos (véase Levítico 23:9–14). Esta fiesta duraba un día.

La fiesta de Pentecostés llegaba al final de la cosecha de la cebada y el comienzo de la cosecha del trigo, y mostraba gozo y gratitud por la abundante cosecha. Esta fiesta también duraba un día.

La fiesta de las Trompetas era la siguiente, y era una fiesta de un día que expresaba gozo y gratitud a Dios. Parte de esta celebración era tocar las trompetas (véase Levítico 23:23–25).

El día de Expiación era un gran día (véase Levítico 23:26–32), y un día en que el pecado era apartado del pueblo y la nación, y la comunión con Dios era restaurada. Era un día en que se requería a las personas que se afligieran con ayuno, penitencia y humildad. Estoy contenta de que como cristianos del nuevo pacto podamos tener *continuamente* esta celebración en lugar de una vez al año. También estoy contenta de que Jesús se humillara y se afligiera por causa de nosotros y que podamos celebrar lo que Él ha hecho.

Si confesamos nuestros pecados, Dios, que es fiel y justo, nos los perdonará y *[continuamente]* [el énfasis es mío) nos limpiará de toda maldad.

1 Juan 1:9

La fiesta de los Tabernáculos duraba siete días, y era una celebración de la protección y la guía de Dios en el desierto cuando los israelitas viajaron desde Egipto hasta la Tierra Prometida. Renovaba el compromiso de Israel con Dios y la confianza en su guía y protección (véase Levítico 23:33–43).

Los israelitas también tenían el hábito de celebrar después de un trabajo bien hecho. En Esdras 6:14–16 vemos que el pueblo celebró el término y la dedicación de la casa que habían construido para Dios. Celebraban bodas y probablemente cumpleaños y aniversarios. Tenían una fiesta cuando sus hijos llegaban a la edad adulta llamada bar mitzvah. Verdaderamente, me parece que ellos utilizaban cualquier excusa que pudieran para celebrar, y que las celebraciones no sólo eran sancionadas por Dios, sino que eran ordenadas por Él.

¿Empiezas a ver hacia dónde me dirijo? Sin duda, ¡a Dios le gustan las fiestas!

Celebra tu progreso

Nuestro nieto menor recientemente se quedó en pie por primera vez. Nosotros estábamos fuera de la ciudad en ese gozoso momento, pero recibimos una llamada telefónica contándonos la gran noticia. Recuerdo vívidamente que éramos cuatro adultos en el auto cuando recibimos la noticia, y tres de nosotros nos comportamos de forma bastante ridícula por el acontecimiento. Yo en realidad aplaudí. Dave sonrió de oreja a oreja y con un tono de mucha sorpresa dijo: "¡DE VERDAD!". Una buena amiga también iba en el auto y se emocionó. Oí preguntas como: "¿Cuánto tiempo se mantuvo en pie?" y, "¿lo ha hecho más de una vez?". Nadie preguntó si había vuelto a sentarse, aunque todos sabíamos que lo había hecho. Incluso éramos conscientes de que se podría haber caído, pero no nos importó otra cosa sino su progreso. Tuvimos una escena parecida en nuestra casa cuando él sonrió por primera vez, cuando comió sus primeros alimentos sólidos, cuando gateó, y cuando dijo "mama" y "papa". Realmente nos emocionamos por cada pequeño progreso que él hace, y todos se lo expresamos para alentarlo. Dave y yo justamente pasamos varios días con el bebé y, para ser sincera, probablemente le alentamos cientos de veces durante esos pocos días. No recuerdo ni una sola vez en que le castigásemos por lo que aún no podía hacer.

Cuando estoy fuera de la ciudad y llamo a mi hijo y a mi nuera, siempre les pregunto si Travis ha hecho algo nuevo. Mi nuera me envía fotografías de cosas nuevas, como él nadando en su piscina, o en su columpio, o de pie ante su mesa de juegos. Dios utilizó este ejemplo para ayudarme a entender que Él celebra nuestro progreso al igual que nosotros celebramos el progreso de nuestros hijos y nietos. Nosotros celebramos el progreso de nuestro perro dándole regalos. ¡Hasta tenemos algunos con forma de galleta! Si podemos tomar tiempo y hacer un esfuerzo para celebrar que el perro ha hecho sus necesidades fuera, entonces seguramente que podemos encontrar tiempo para celebrar nuestro propio progreso. La celebración nos fortalece. De hecho, creo que si no celebramos las ocasiones de progreso, somos debilitadas y experimentamos una derrota innecesaria.

Nuestra perra estaba en casa de unos amigos mientras nosotros estábamos fuera de la ciudad, y ella me dijo que aunque sacaba a la calle a Duchess para que hiciera sus necesidades, ella entraba, se le quedaba mirando, se agachaba delante de ella y lo hacía en el piso. Yo quedé sorprendida, y no podía entenderlo hasta que pregunté si le daban algún regalo después de que ella dejase su regalo en el exterior. Ellos no le daban nada, y ella les estaba haciendo saber que si no celebraban su progreso y le daban un regalo, entonces ella les dejaría un verdadero desastre para que lo arreglasen. Quizá nosotros seamos del mismo modo; si no obtenemos nuestros regalos, ¡mostramos una mala conducta!

Dios no toma nota de cada vez que caemos, sino que se emociona por nuestro progreso, ¡y nosotras también deberíamos emocionarnos! Yo pasé demasiados años lamentándome por mis faltas y debilidades. Me enseñaron a entristéceme por mi pecado, pero nadie en el mundo eclesial me dijo nunca que celebrase mi progreso, y creo que eso es trágico. Si has pasado por alto esta importante lección, como hice yo, entonces hoy te digo que celebres, celebres, y después un poco más tu progreso.

> Dios no toma nota de cada vez que caemos, sino que se emociona por nuestro progreso, ¡y nosotras también deberíamos emocionarnos!

Yo no estoy donde quiero estar en términos de conducta santa, pero gracias a Dios que no estoy donde solía estar. He hecho mucho progreso en los treinta y tres años en que he tenido una relación seria con Dios. Dios me ha cambiado tanto que verdaderamente soy una nueva criatura, como su Palabra promete en 2 Corintios 5:17. Mi esposo probablemente piense que ha estado casado con varias mujeres durante su viaje conmigo, porque, sin duda alguna, no soy como la mujer con quien él empezó. El cambio y el progreso son hermosos; ¡son una señal de que estamos vivos y que Dios está obrando! Necesitamos celebrar el progreso.

La Biblia habla de regocijarse 170 veces, y si estudiamos la palabra descubriremos que es una emoción que necesita una expresión externa. Podemos aplaudir, como hice yo cuando oí sobre el progreso de mi nieto; podríamos gritar, como hizo Dave cuando nació nuestro último hijo y él tuvo el privilegio de estar en el paritorio; o podríamos ir a que nos hicieran la pedicura porque nos estamos regocijando y celebrando el hecho de que no hemos malgastado un sólo día compadeciéndonos de nosotras mismas por tres meses. Si verdaderamente te estás regocijando, ¡hasta podrías comerte una galleta mientras te hacen la pedicura!

La Biblia dice que el camino del justo se asemeja a la aurora que va en aumento (Proverbios 4:18). Si puedes mirar atrás y decir: "He mejorado durante el último año. Mi conducta es un poco mejor. Soy un poco más paciente. Soy más generosa. Soy un poquito menos egoísta", ¡entonces puedes celebrar! Si sientes que no has hecho progreso alguno, entonces el diablo probablemente te está mintiendo; él tiene el mal hábito de recordarnos diariamente lo mucho que aún nos queda por delante. He observado que el diablo no es muy alentador ni favorable, y que escucharle es muy contraproducente. Si estás leyendo este libro significa que quieres mejorar, y la verdad es que cualquiera que quiera mejorar mejorará. Tu camino es más resplandeciente cada día, y celebrar nuestro progreso es una de las maneras de decir "gracias" a Dios.

Anoche perdí los nervios a causa del control remoto de la televisión. Había trabajado mucho todo el día en este libro, y finalmente dejé todo listo para ver una película. Cuando encendí el televisor, observé que el control remoto tenía encendido el indicador de "batería baja". Tenía sólo la potencia suficiente para encender el televisor, pero después se quedó muerto y ni siquiera tenía potencia para apagarlo. El volumen estaba muy alto, y yo no podía bajarlo. Llamé a Dave, y aunque él casi estaba dentro de la ducha, oyó el pánico en mi voz y decidió vestirse y tratar de rescatarme. Pensamos que se arreglaría fácilmente. Sencillamente teníamos que poner pilas nuevas al control remoto, pero sólo teníamos tres pilas, y eran necesarias cuatro. Mi lado creativo surgió y sugerí que sacásemos las pilas de otro control remoto de otro de los televisores que hay en la casa y las utilizáramos para el que queríamos ver aquella noche (tenía una pantalla más grande).

Pusimos todas las pilas sobre la mesa y, desde luego, ninguno de los dos puede ver si no lleva puestas sus lentes. Agarramos nuestros lentes, pero por alguna razón no veíamos bien con ellos. La luz era suave en la habitación, pero al ser un varón incapaz de admitir que no podía ver, Dave siguió poniendo las pilas, primero de una forma y después de otra, sin éxito alguno. Para entonces, ninguno de los controles remotos funcionaba. Las pilas estaban sobre la mesa, y probablemente mezclamos las buenas con las malas. En ese punto de nuestro viaje yo quería intentar arreglarlo yo misma. Dave no me las daba, y yo me iba enojando con el paso de cada segundo. Cuando nos acercamos a la puerta de cristal con la esperanza de poder ver mejor con la luz que aún había en el exterior, los dos nos elevamos al mismo tiempo tras estar inclinados y la cabeza de Dave chocó contra la mía. Yo soné como si hubiera perdido mi salvación por unos segundos.

Desde luego, en cuanto me calmé me sentí mal por haber perdido los nervios, pero como ahora sé que no he sido formada para la culpabilidad, tenía que resolver la situación. Admití mi error, le pedí a Dios que me perdonase, y traté de pensar en cómo iba a celebrar ese desastre. De repente entendí que, aunque no podía celebrar haber perdido los nervios, ¡podía celebrar el hecho de que era perdonada!

Hace años me habría sentido culpable durante días antes de salir finalmente del pozo de la desesperación, y habría estado segura de que Dios estaba terriblemente decepcionado conmigo. ¡Ahora sé que nada de lo que yo haga le sorprende! Él sabía todo sobre mí desde antes de mi nacimiento, y sigue queriendo tener una relación conmigo. Él siente lo mismo en cuanto a ti. Me imagino que Jesús se reiría mucho anoche mientras nos veía a Dave y a mí tratando de arreglar los controles remotos. Con frecuencia somos como una versión moderna de Lucille Ball y Desi Arnaz en *I Love Lucy*. Si Dios apuntó algo con respecto a anoche, estoy segura de que fue el hecho de que yo he crecido hasta el punto de no malgastar tiempo lamentándome por algo para lo cual Jesús hizo provisión en la cruz: nuestros pecados.

Encuentra formas de celebrar tu progreso en lugar de lamentarte excesivamente por tus errores. No estoy sugiriendo que no tomemos los pecados en serio, porque deberíamos hacerlo, pero también celebremos la misericordia y el perdón de Dios.

La mañana siguiente al fiasco del control del televisor tuve otro desafío interesante. Necesitaba cierta brocha de maquillaje que sabía que había utilizado el día anterior. Rebusqué entre mis cosas y no pude encontrarla, así que me levanté y saqué todo de la caja, cosa por cosa, y aún así no pude encontrarla. Sabía con seguridad que la había utilizado el día anterior. Busqué en el cajón, en otra caja, en el armario debajo del lavabo, y finalmente respiré profundamente y utilicé otra brocha. En cuanto había acabado de aplicarme todo el maquillaje y de arreglarme el cabello, encontré la brocha. Era una brocha negra, y la encimera del lavabo también es negra, así que había estado delante de mi vista todo el tiempo pero yo no pude verla.

La razón de que hable de esto se debe a que, aunque fue frustrante, no me molesté por ello como había hecho la noche anterior con la otra situación. Creo que si hubiera pasado la noche condenándome a mí misma por haberme enojado, entonces probablemente me habría vuelto a enojar al día siguiente. La condenación nos debilita y seguimos repitiendo el mismo error una y otra vez, pero la celebración nos fortalece. Puede que recuerdes que yo había escogido celebrar el hecho de que era perdonada, y como dije, creo que eso me ayudó a resistir la tentación de enojarme la siguiente vez que fui confrontada con algo ridículo que me estaba robando mi tiempo. Al diablo no le gustan las fiestas ni ningún tipo de gozo o celebración auténticos, así que quizá, si aprendemos a hacerlo más, oiremos menos por parte de él.

Castigo o recompensa

¿Cómo puedes motivarte a hacer las cosas que sabes que necesitas hacer? ¿Es mejor recompensarte a ti misma por ir bien y hacer progreso, o castigarte cuando cometas errores o no alcances tus expectativas? Yo creo que la experiencia nos enseña que recompensarnos por un trabajo bien hecho es siempre mejor que el castigo.

Yo me he puesto algunas metas para mí en el gimnasio para este año. Quiero aumentar la cantidad de peso que puedo soportar en el banco de pesas y también quiero ser capaz de hacer flexiones de tal manera que mi rodilla toque el piso durante el ejercicio. Si no sabes cuáles son ninguno de esos ejercicios, déjame decirte que para una mujer de mi edad que no comenzó a hacer ejercicio hasta hace dos años, ¡los dos significan dolor!

Alcancé mi meta en el banco de pesas un mes después de establecerla, pero aún no he podido alcanzar mi meta con las flexiones. Supongamos que decido castigarme a mí misma por no alcanzar esa meta negándome el privilegio de comer un postre durante dos semanas, pero no hago nada para recompensarme por la otra meta que sí alcancé. La experiencia nos enseña que yo comenzaría a relacionar las flexiones con castigo, y es más que probable que comenzase a aborrecer y menospreciar las flexiones. Hasta podría rebajar mi meta para poder quitar el castigo.

Por otro lado, si continuase intentando alcanzar mi meta con las flexiones, pero me recompensase de alguna manera por haber logrado mi meta con el banco de pesas, intentaría con mayor fuerza alcanzar mi otra meta porque mentalmente relacionaría alcanzar metas con recompensa. Ya sé que voy a recompensarme y a celebrar cuando termine este libro, y saber eso me hace más fácil seguir trabajando.

Como padres, con frecuencia somos tentados a castigar a nuestros hijos por lo que ellos hacen mal; sin embargo, no observamos y recompensamos lo que hacen bien. Creo que deberíamos destacar mucho los puntos fuertes de nuestros hijos y restar importancia a sus debilidades. Recuerdo haberme metido en muchos problemas cuando estaba creciendo, pero sinceramente no recuerdo haber recibido mucho ánimo. Sí recuerdo a mi padre diciéndome que nunca llegaría a nada. Nadie me dijo nunca que yo podía hacer cualquier cosa que me propusiera, o que tenía capacidades que Dios me había dado y que yo necesitaba desarrollar. Me fui de mi casa a los dieciocho años de edad con la determinación de demostrar al mundo y a mí misma que yo tenía valor y capacidad, pero resultó de la forma equivocada. Me volví una adicta al trabajo que nunca aprendió a valorar la recompensa y el disfrute.

Recientemente vi una película sobre una niña cuya mamá era una severa perfeccionista, y a pesar del tipo de trabajo que la niña llevase a la casa de la escuela, la mamá siempre encontraba algo que ella pudiera hacer y que debería haber hecho mejor. Nunca mencionaba lo que la niña hacía bien. Desde luego, la niña se sentía tan desalentada que sus calificaciones comenzaron a empeorar cada vez más. Sin embargo, tuvo una nueva maestra que era una señora muy positiva y que sabía cómo motivar a los niños. Ella inmediatamente vio que la niña necesitaba aliento y comenzó a dárselo en generosas proporciones. Cada cosa que la niña hacía bien recibía un elogio por escrito en sus trabajos. Por ejemplo, en lugar de decir "deletreaste mal dos palabras", ella decía; "tu caligrafía es muy bonita y tu historia es estupenda. Tu deletreo puede mejorar un poco, pero trabajaremos juntas en eso". Ya lo habrás imaginado: la niña quería mucho a la maestra y comenzó a mejorar muchísimo porque respondió mejor a la recompensa que al castigo.

Yo veo que recompensarme a mí misma aunque sea de formas pequeñas me motiva; me da algo a lo que esperar mientras estoy haciendo el trabajo que hay que hacer. Mientras escribo este libro establezco metas para mí misma cada día con respecto a cuánto quiero terminar, y cuando alcanzo esa meta, me detengo y hago algo que me guste. Voy a un restaurante en la ciudad que realmente me gusta y me siento a comer en el patio, o me hago un café y tomo un descanso, o voy a que me den un masaje. Podría nombrar una docena de cosas, pero creo que entiendes el punto. Lo que yo disfruto puede que sea diferente a lo que tú disfrutas, pero necesitas recompensarte a ti misma a medida que trabajas hacia alcanzar tus metas. Ayer trabajé más tiempo del normal y ya sé en mi corazón que hoy necesito trabajar un poco menos y hacer algo que me guste, a fin de no cansarme demasiado de escribir, y escribir, y escribir. Me niego a ser una persona impulsada que tiene temor a seguir los deseos de mi corazón.

Celebra el cambio

Como hijas de Dios, necesitamos comprometernos al cambio. A lo largo de nuestro viaje aquí en la tierra, el Espíritu de Dios estará obrando con nosotras y en nosotras ayudándonos a cambiar para mejor. A fin de hacer progreso, necesitamos ver lo que estamos haciendo mal y estar dispuestas a aprender maneras mejores de hacerlo. Dios quiere que veamos la verdad (realidad) para que podamos estar de acuerdo con Él en que el cambio es necesario, pero no necesitamos castigarnos cuando veamos nuestras faltas o nos sintamos culpables y condenadas. Hasta podemos aprender a celebrar los cambios que es necesario hacer en nosotras y en nuestras vidas.

Cuando Jesús ascendió al cielo, envió al Espíritu Santo para ayudarnos a hacer progreso en la conducta santa. El Espíritu Santo obra santidad en nosotras, y lo hace por medio de darnos convicción de la mala conducta y convenciéndonos para que hagamos las cosas a la manera de Dios. Él no sólo nos muestra lo que necesita cambiar, sino que también nos da la fuerza para cambiar. ¡Él es nuestro Fortalecedor! Juan 16:7–13 nos da entendimiento del ministerio del Espíritu Santo en nuestras vidas. Él es nuestro Consolador, Consejero, Maestro, Ayudador, Defensor, Intercesor, Fortalecedor y Reserva. Él vive en estrecha comunión con nosotras. Eso significa que Él está siempre presente y su meta es ayudarnos a ser lo que Dios quiere que seamos a fin de que podamos disfrutar de lo que Dios quiere que disfrutemos. La vida de cada creyente debería dar gloria a Dios, y eso requiere una actitud que dice: "Cámbiame y hazme lo que quieres que yo sea".

El cambio y el crecimiento es un proceso que continuará mientras estemos en la tierra en nuestros cuerpos humanos. El progreso es vitalmente importante, pero la perfección es imposible. Podemos tener corazones perfectos hacia Dios y su plan para nosotros, pero nuestra conducta siempre carecerá de perfección de un modo u otro.

> El progreso es vitalmente importante,
> pero la perfección es imposible.

Por tanto, sean perfectos, así como su Padre celestial es perfecto.

Mateo 5:48

Podemos ver por este pasaje que perfección significa crecimiento. Yo soy de la opinión de que, mientras estemos cooperando con el Espíritu Santo hasta lo mejor de nuestra capacidad, y sinceramente queramos cambiar, Dios nos considera perfectos en Cristo mientras hacemos el viaje.

La convicción es la herramienta que el Espíritu Santo utiliza para hacernos saber que estamos haciendo algo mal. Sentimos en nuestro interior que nuestros actos, palabras o actitudes son malos. ¿Cuál debería ser nuestra actitud hacia esa convicción? Yo creo que tiene que ser una actitud gozosa.

> Yo reprendo y disciplino a todos los que amo. Por lo tanto, sé fervoroso y arrepiéntete.
>
> *Apocalipsis 3:19*

Dios considera la convicción, la corrección y la disciplina como algo a celebrar en lugar de cómo algo que nos entristece o nos frustra. ¿Por qué deberíamos celebrar cuando Dios nos muestre que algo anda mal en nosotros? Entusiasmo suena como una respuesta extraña, pero, en realidad, el hecho de que podamos ver algo a lo que antes éramos ciegos es una buena noticia. Por muchos años de mi vida yo fui ruda, insensible y egoísta, y ni siquiera lo sabía. Tenía un máster en manipulación, pero realmente me había convencido a mí misma de que sólo trataba de ayudar a la gente a hacer lo correcto. Desde luego, yo no veía el orgullo que tenía y que me hacía pensar que *mi* manera era siempre la manera correcta. Yo era avariciosa, envidiosa y celosa, pero no veía ninguna de esas cosas. Ese es un triste estado en el que estar, pero las personas que no tienen una relación con Jesús y que no estudian la Palabra de Dios son ciegas y sordas en el sentido espiritual.

Mi corazón era duro por años de ser herida por personas, albergar amargura, y hacer cosas a mi manera. Cuando nuestro corazón es duro, no somos sensibles al toque de Dios. Cuando Él nos da convicción, no la sentimos. Por tanto, cuando hacemos suficiente progreso en nuestra relación con Dios y comenzamos a sentir cuando estamos haciendo algo mal, eso es una buena noticia. Es una señal de progreso, y deberíamos celebrarlo con alegría. Cuanto más tiempo sirvamos a Dios y estudiemos sus caminos, más sensibles nos volveremos. Finalmente llegamos al punto en que sabemos inmediatamente cuándo estamos diciendo o haciendo algo que no es agradable a Dios, y tenemos la opción de arrepentirnos y comenzar de nuevo.

Mi respuesta a la convicción solía ser ponerme de inmediato bajo condenación. La condenación nos presiona y nos debilita, nos hace sentirnos culpables y desgraciadas, pero la convicción es para sacarnos de una falta. El Espíritu Santo nos muestra nuestra falta, y entonces nos ayuda a vencerla. Cuando la convicción de Dios enseguida se convertía en culpabilidad para mí, la aborrecía y mi actitud era: "¡Estupendo! Otra cosa mal en mí que tengo que intentar arreglar". Yo no entendía en absoluto el proceso; por tanto, debido a una falta de conocimiento por mi parte, el diablo podía tomar las cosas que Dios quería para mi bien y convertirlas en tormento. ¿Cómo respondes cuando eres convencida por el Espíritu Santo de que estás haciendo algo mal? ¿Te sientes mal y culpable, o comprendes que el hecho mismo de que puedas sentir la convicción de Dios es una buena noticia? Significa que estás viva para Dios y creciendo espiritualmente.

Creo que deberíamos estar agradecidas cuando Dios nos da convicción, y verdaderamente deberíamos celebrar el hecho de haber visto algo que nos ayudará a cambiar y que podrá glorificar más a Dios. Cada vez que seas convencida de pecado, intenta levantar tus manos en alabanza diciendo: "Gracias, Dios, porque me amas lo bastante como para no dejarme sola en mi pecado. Gracias porque puedo sentir tu desagrado cuando peco. Gracias por cambiarme en lo que quieres que yo sea". Este tipo de actitud abrirá el camino para que hagas progreso en lugar de quedarte estancada en tu pecado debido a ser ciega a él, o mediante la condenación del diablo.

Cuando Dios nos muestra una falta, no espera que nosotras la arreglemos. Él sólo quiere que la reconozcamos, que estemos de acuerdo con Él, que lo lamentemos, y que estemos dispuestas a alejarnos de eso. Él sabe —y nosotras necesitamos saber— que no podemos cambiarnos a nosotras mismas, pero Él nos cambiará si estudiamos su Palabra y cooperamos con su Espíritu Santo.

Vale la pena celebrar todo tipo de cambio, porque se requiere para el progreso. El proceso puede que no cause gozo, pero más adelante producirá el fruto apacible de justicia que Dios desea y que nosotras podemos disfrutar (véase Hebreos 12:11). Concédete permiso para relajarte y alegrarte, y no seas tan intensa en cuanto a tu propia perfección. Haz todo lo que puedas y deja que Dios haga el resto. Mientras estés haciendo progreso, Dios se agrada.

CAPÍTULO
6

Celebra mediante el dar

A lo largo de la Biblia vemos a personas celebrando el progreso y la victoria de varias maneras. Una de esas maneras era específicamente tomar el tiempo para dar una ofrenda a Dios y darle gracias.

Noé había estado en el arca un año y diez días cuando Dios le dijo que era momento de salir y comenzar una nueva vida. No puedo ni siquiera imaginar lo felices que él y su familia (y los animales) estaban por ver tierra seca y descansar sus pies sobre terreno firme. Lo primero que hizo Noé fue construir un altar al Señor y sacrificar varios animales a Él. En época de Noé ese era el método aceptable de dar a Dios y mostrar agradecimiento por lo que Él había hecho. Dios se agradó cuando olió el agradable perfume y pronunció una bendición sobre Noé y sus hijos, diciéndoles: "Sean fecundos, multiplíquense y llenen la tierra" (Génesis 9:1).

Rápidamente añadiríamos mucho tiempo de celebración a nuestras vidas si tomásemos el tiempo para dar gracias y quizá para algún otro tipo de ofrenda cuando Dios hace cosas increíbles por nosotras. Una actitud de gratitud dice mucho sobre el carácter de una persona. Nunca deberíamos tener una actitud de suponer que tenemos derecho, sino una actitud que diga: "Sé que no me merezco la bondad de Dios, pero estoy muy agradecida por ella".

> Una actitud de gratitud dice mucho sobre el carácter de una persona.

Abram (más adelante llamado Abraham) regularmente construía altares a Dios y sacrificaba, dando alabanza y gracias a Dios por su progreso a medida que viajaba por la tierra. Dios había pedido a Abram que dejase todo lo que le era familiar, incluyendo su hogar y su familia, y saliese hacia un lugar que se le mostraría cuando se fuese. No puedo ni imaginar la dificultad de obedecer tal petición. ¡Déjalo todo! ¿Ir dónde? ¿Para qué? Abram encontró la valentía de salir, y a lo largo de ese viaje tomó tiempo para celebrar el progreso que había hecho hasta ahí (véase Génesis 12:7–8 y Génesis 13:4). Dios le estaba guiando, cuidando de él y manteniéndolo seguro. Sin duda, al final de cada día deberíamos tomar tiempo para celebrar en nuestros corazones que Dios nos ha guardado seguras y nos ha capacitado para hacer lo que tuviéramos que hacer. La cena podría utilizarse como punto de contacto para este tipo de celebración. Las fiestas de Israel normalmente incluían alimentos; por tanto, ¿por qué no convertir una cena normal y corriente en una celebración? No se necesitará ninguna preparación especial; lo único que necesitarás es un corazón lleno de gratitud y una disposición a tomar unos momentos y expresarlo a Dios.

> Nos resulta fácil quedar enredadas en ver lo mucho que aún nos queda por avanzar para alcanzar nuestras metas en lugar de celebrar lo mucho que hemos avanzado.

Nos resulta fácil quedar enredadas en ver lo mucho que aún nos queda por avanzar para alcanzar nuestras metas en lugar de celebrar lo mucho que hemos avanzado. Piénsalo. ¿Hasta dónde has llegado desde que te convertiste en cristiana? ¿Cuánto has cambiado? ¿Cuánta mayor felicidad tienes? ¿Eres más pacífica de lo que eras antes? ¿Tienes esperanza? Siempre hay mucho que celebrar si lo buscamos.

Un estudio detallado de la Biblia nos muestra que los hombres y las mujeres que Dios usó de maneras poderosas siempre tenían la actitud de celebrar lo que Dios había hecho. Ellos no daban por sentado la bondad de Él, sino que abiertamente demostraban agradecimiento por las cosas pequeñas al igual que por las grandes.

Dios abrió el mar Rojo

¿Ha habido alguna vez un momento en el que hayas sentido que tenías la espalda contra la pared? Tenías un gran problema y ninguna solución, y entonces, de repente, Dios hizo algo increíble y te capacitó para que escapases de tu problema. La mayoría de nosotras podemos pensar en un momento como ese. Cuando Dios sacó de Egipto a los israelitas obrando por medio de Moisés, ellos finalmente se encontraron en una situación muy inquietante. El mar Rojo estaba delante de ellos y el ejército egipcio detrás de ellos. No tenían ningún lugar donde ir; ¡estaban atrapados! Dios había prometido su liberación, y lo que Él hizo fue ciertamente increíble. Él en realidad dividió el mar Rojo y los israelitas pasaron por tierra seca, pero cuando el ejército egipcio los siguió, el mar se cerró sobre ellos y se ahogaron.

Cuando los israelitas llegaron a la otra orilla, lo primero que hicieron fue comenzar a celebrar. Cantaron un canto que salió directamente de su corazón y que está registrado en diecinueve versículos en la Biblia (véase Éxodo 15:1–19). Después del canto, dos de las mujeres sacaron cierto tipo de pandereta, y todas las mujeres las siguieron con sus panderetas mientras danzaban y cantaban. Todo el canto hablaba de lo que Dios había hecho, de lo grande que Él era, de cómo los había redimido y se había ocupado de sus enemigos. Nosotras probablemente experimentaríamos más victoria en la vida si tomásemos el tiempo para celebrar las que ya hemos tenido. Una vez más, es operar según el principio de ser agradecidas por lo que ya tenemos en lugar de hacer inventario de lo que aún no tenemos.

Dios reedifica lo caído

Muchas de nosotras estamos en una condición caída cuando finalmente nos humillamos y le pedimos a Dios que haga su obra en nosotras. Dios es un reedificador y un restaurador de lo que ha quedado perdido y destruido. Yo había perdido mi inocencia por el abuso, no tenía confianza alguna, estaba llena de vergüenza, culpabilidad, amargura, y muchas otras emociones dolorosas. Pero Dios… me encanta esa frase que se encuentra en la Palabra de Dios. Pero Dios… obró en mi vida y ha reconstruido y restaurado lo que antes estuvo caído y era inútil. La Historia está llena de relatos de personas que pueden contar una historia parecida.

Nehemías y sus compatriotas (los judíos) que habían escapado del exilio vivían en condiciones lamentables. El muro de su ciudad estaba destruido, y para cualquier ciudad en aquellos tiempos eso era peligroso. Su muro era su protección de los enemigos que los rodeaban y que parecían estar por todas partes.

A Nehemías le contaron la terrible condición en que vivían sus compatriotas, y después de llorar, ayunar y orar durante días, él acudió al rey y pidió permiso y madera para reconstruir la puerta de la ciudad, el muro de la ciudad, y una casa para él mismo donde vivir. Nehemías era un hombre de acción. Cuando vio una necesidad o una injusticia, quiso hacer algo al respecto, y nosotras deberíamos ser iguales. Creo que es interesante que él pidiera ayudar al pueblo y que estuviera dispuesto a trabajar duro, pero también pidió una casa para él mismo. Quizá él entendió que para cuando el proyecto hubiera acabado, necesitaría un lugar bonito donde vivir y relajarse.

El proyecto era inmenso, y se necesitaba mucho tiempo y mucha determinación. Durante la reconstrucción, Nehemías y los otros obreros experimentaron constante oposición por parte de sus enemigos, quienes intentaban evitar que reconstruyeran distrayéndolos. Sin embargo, la persistencia dio sus resultados, y finalmente el proyecto quedó completado. ¡Una de las primeras cosas que ellos hicieron tras haber alcanzado su meta fue celebrar! Esdras el sacerdote le dijo al pueblo: "Ya pueden irse. Coman bien, tomen bebidas dulces y compartan su comida con quienes no tengan nada, porque este día ha sido consagrado a nuestro Señor. No estén tristes, pues el gozo del Señor es nuestra fortaleza" (Nehemías 8:10).

Observa que el sacerdote les dijo que se regocijaran. Era lo correcto espiritualmente. La fiesta fue aprobada por Dios, o aún mejor, fue ordenada por Dios. ¡Sólo imagina que Dios les dijo que comiesen grasa y azúcar! ¡A mí eso me suena a galleta! Ellos necesitaban celebrar un trabajo bien hecho. La celebración es parte de nuestra recuperación; nos revive para el siguiente proyecto o tarea que tengamos que hacer.

¿Tomas tiempo para celebrar cuando terminas un proyecto, o meramente comienzas el siguiente? Si no te recompensas a ti misma de alguna manera por tu duro trabajo, te estás perdiendo parte del plan de Dios. Recuerda: Él recompensa a quienes son diligentes (véase Hebreos 11:6).

Dios no sólo les dijo que disfrutasen, sino que también les dijo que enviasen partes a quienes tenían necesidad. Yo he aprendido en estos últimos años mediante el estudio del amor de Dios que dar a otros es una de las maneras en que podemos y debemos celebrar nuestras propias victorias. Es una manera de decir: "Estoy feliz por lo que Dios ha hecho por mí, y quiero salir y hacer feliz a alguien".

Ester fue usada por Dios para llevar liberación a los judíos. Un hombre malvado llamado Amán tenía un plan para destruirlos; ¡pero Dios...! Dios tenía su propio plan, y era un plan de liberación. Él usó a Ester y a su tío Mardoqueo para llevar ese malvado plan a la atención del rey, y por medio de ellos Dios llevó liberación a los judíos. Cuando se ganó la victoria, los judíos se reunieron para celebrar. Lo necesitaban, y Dios quería que lo hicieran. Mardoqueo registró las cosas que habían tenido lugar porque era parte de la historia judía que había que transmitir a sus descendientes. También ordenó que los judíos guardasen los días catorce y quince del mes de Adar, los días de su victoria, anualmente como un tiempo de celebración y de recordatorio de lo que Dios había hecho. Se les enseñó que recordasen que su tristeza había sido convertida en alegría y en que "su aflicción se convirtió en alegría, y su dolor en día de fiesta. Por eso debían celebrarlos como días de banquete y de alegría, compartiendo los alimentos los unos con los otros y dándoles regalos a los pobres" (Ester 9:22).

Dar es una parte central del estilo de vida cristiano, y deberíamos hacerlo agresivamente y con gozo. Dios nos ha dado a su Hijo Jesús como el mejor regalo que Él podía dar, y en Jesús tenemos todas las demás cosas. En Él hemos sido bendecidas con toda bendición espiritual en los lugares celestiales (véase Efesios 1:3).

Es la voluntad de Dios que demos gracias en todo momento y en todas las cosas (véase 1 Tesalonicenses 5:18). La gratitud debe tener una expresión a fin de ser completa. Podemos decir que estamos agradecidas, ¿pero cómo lo demostramos? ¿Lo estamos expresando? Decimos "gracias", pero hay otras maneras de mostrar agradecimiento, y una de ellas es dar a personas que tienen menos que nosotros. Dar a los pobres nos lo manda Dios. Es una de las maneras en que podemos mantener un ciclo continuo de bendición operando en nuestras vidas. Dios nos da, y nosotras mostramos agradecimiento dando a otras personas, y después Él nos bendice más para que podamos hacerlo otra vez.

La Biblia lo dice con claridad. Cuando Dios te bendice como prometió, busca a un hombre pobre y dale. No endurezcas tu corazón, sino abre bien tus manos a tus hermanos. Si das libremente y sin quejarte, entonces el Señor te bendecirá en todo tu trabajo y en todo lo que emprendas (véase Deuteronomio 15:6–8; 15:10). Lo que damos a otros como resultado de la obediencia a Dios nunca se pierde.

Deja nuestra mano temporalmente, pero nunca deja nuestra vida. Nosotras damos, Dios lo usa para bendecir a otra persona y después nos lo devuelve multiplicado. Me gusta la manera en que Dios hace las cosas, ¿y a ti?

> Lo que damos a otros como resultado de la obediencia a Dios nunca se pierde. Deja nuestra mano temporalmente, pero nunca deja nuestra vida.

Altares y memoriales

Bajo el Antiguo Pacto, los hombres y mujeres de Dios regularmente construían altares y sacrificaban animales o semillas sobre ellos como señal externa de su gratitud interna. Como hemos visto, frecuentemente establecían fiestas anuales que conmemoraban y recordaban algo maravilloso que Dios había hecho por ellos. La Biblia tiene 396 referencias a altares. Las encontramos mencionadas desde Génesis hasta Apocalipsis. Históricamente siempre han sido una parte de la adoración, la alabanza y la gratitud, y hasta estarán en los cielos según lo que el apóstol Juan vio y registró en el libro de Apocalipsis.

También encontramos varias referencias a memoriales. Eran altares, o construcciones, u objetos permanentes que servían como recordatorios. También podían ser un día o días apartados anualmente con el propósito de recordar. Los altares y memoriales son objetos sólidos que dan sustancia a nuestra muestra de gratitud. Las personas con frecuencia construyen algún tipo de memorial como objeto que permanecerá como recordatorio de sus seres queridos que ya no están. Ponemos lápidas sobre las tumbas como memoriales. Damos galardones, placas y trofeos, que son objetos que nos ayudan a recordar nuestras victorias. Somos seres espirituales, pero también tenemos alma y cuerpo, y necesitamos tener objetos tangibles como referencias para recordarnos cosas.

Otra cosa que los israelitas hacían era escribir cosas como un memorial a lo que Dios había hecho. Yo he escrito un diario de los desafíos en mi vida y de las victorias por treinta y tres años. La Biblia que amamos y sobre la que basamos nuestra vida es un memorial a lo que Dios ha hecho por nosotros. Cuando vemos nuestra Biblia, inmediatamente nos dice todo tipo de cosas. Puede que no tomemos tiempo para pensar detenidamente en todas ellas, pero por extraño que parezca, la presencia de una Biblia puede dar consuelo hasta a personas que no conocen ni una sola palabra de lo que hay en ella. La Biblia nos recuerda que Dios existe y que tiene algo que decirnos. ¿Alguna vez has hecho una anotación en tu Biblia al lado de un versículo que te habló durante un momento particular de desafío o de gozo? Cuando yo hojeo mi Biblia, veo notas en los márgenes, algunas veces acompañadas de la fecha, y recuerdo exactamente lo que yo estaba pasando cuando ese versículo me habló. Al volver a leerlo, estoy visitando el memorial de un momento en el tiempo en que Dios me conmovió de manera especial.

Creo firmemente que decir gracias es bueno, pero hacer algo tangible, al menos parte del tiempo, es aun mejor.

> Entren por sus puertas con acción de gracias; vengan a sus atrios con himnos de alabanza; denle gracias, alaben su nombre.
>
> *Salmo 100:4*

Por favor, observa que el salmista sugirió que entremos con acción de gracias (palabras) y una ofrenda de gratitud (algo tangible). Cuando nos reunimos en una iglesia para adorar, dar es parte de nuestra adoración. Es una forma tangible de decir: "Dios, realmente agradezco lo que has hecho por mí". Dar es una manera de celebrar la bondad de Dios. ¿Por qué no tomar la decisión de ser más generosa de lo que has sido nunca en tu vida? No puedes sobrepasar a Dios en el dar, porque Él tomará tu ofrenda, bendecirá a alguien con ella, y te la devolverá multiplicada. Lo que tú des puede que deje tu mano temporalmente, pero nunca deja tu vida. Dar nos causa gozo y bendice a otros.

Tiempo de recordar

Con frecuencia he dicho que creo que olvidamos lo que deberíamos recordar y recordamos lo que deberíamos olvidar. Jesús riñó a los discípulos en uno de sus viajes porque ellos habían olvidado un milagro que Él había hecho. Habían comenzado un viaje y de repente recordaron que habían olvidado llevar suficiente pan. Solamente tenían un pan, y eso no sería bastante. Un poco después Jesús comenzó a enseñar a los discípulos que se cuidaran y estuvieran en guardia contra la levadura de los fariseos y de Herodes. Jesús, desde luego, estaba hablando de estar en guardia contra el engaño, pero los discípulos razonaron entre ellos mismos que Él hablaba sobre el hecho de que ellos habían olvidado llevar pan, como si eso hubiera preocupado algo a Jesús. Él entonces comenzó a reñirles, preguntándoles si habían olvidado cuando Él alimentó a cinco mil personas con cinco panes. ¿Habían olvidado ellos otro milagro increíble cuando Él alimentó a cuatro mil con siete panes? Si lo hubieran recordado, no se habrían preocupado por tener hambre debido a no haber llevado bastante pan con ellos.

Si recordásemos los milagros que Dios ha hecho en nuestro pasado, no caeríamos con tanta facilidad en la preocupación y el temor cuando tenemos nuevos desafíos que afrontar. Cuando David se enfrentaba a Goliat y nadie le alentaba, recordó al león y al oso a los que él ya había matado con la ayuda de Dios. Debido a recordar el pasado, él no tuvo temor a la situación del presente.

> Si recordásemos los milagros que Dios ha hecho en nuestro pasado, no caeríamos con tanta facilidad en la preocupación y el temor cuando tenemos nuevos desafíos que afrontar.

¿Te estás enfrentando a algo en este momento que se cierne sobre ti como un gigante en tu vida? ¿Es una enfermedad o falta de recursos económicos? ¿Problemas en una relación? ¿Es algo que nunca antes hayas hecho y no sabes dónde comenzar? Lo cierto es que no importa lo que sea, porque nada es imposible para Dios. Toma unos momentos ahora mismo y recuerda algunas de las cosas en las que Él te ha ayudado y por las que te llevó en el pasado. Piensa y habla sobre esas cosas, y descubrirás que la valentía llena tu corazón.

> ¿Te estás enfrentando a algo en este momento que se
> cierne sobre ti como un gigante en tu vida?

Yo recibí abusos aproximadamente por quince años; mi primer esposo me abandonó cuando estaba embarazada y se fue a vivir con otra mujer. Tuve cáncer de seno en 1989; tuvieron que hacerme una histerectomía; sufrí migrañas durante diez años. Amigos me han abandonado, me han mentido, me han robado, y han hablado de mí de formas falsas y malas, pero Dios ha sido fiel y sigo estando aquí con un buen historial, y estoy utilizando mi experiencia para ayudar a otros. Sé que muchas de ustedes tienen el mismo tipo de testimonio. Para nuestra propia supervivencia, debemos recordar y traer a la memoria las poderosas cosas que Dios ha hecho por nosotras y por otros.

Una fiesta con frecuencia conmemora una ocasión especial o un acontecimiento importante, como un cumpleaños, un aniversario, una jubilación, o un logro especial. Aunque esos tipos de memoriales son necesarios y buenos, los mejores son cuando recordamos la intervención de Dios en el pasado salvándonos de la destrucción. Nos llena de nueva fe y esperanza, y nos alienta; otra manera de decirlo es que nos da valentía. No es de extrañar que Dios diga que Él ha de ser recordado de generación a generación.

Dios les dijo a los israelitas que recordasen que fueron esclavos en Egipto y que recordasen todos los milagros que Él hizo allí para convencer a Faraón de que les dejase ir.

Les dijo que no tuvieran temor de sus enemigos sino que recordasen lo que Él hizo a Faraón y a todo Egipto (véase Deuteronomio 7:18). Les dijo que recordasen todas las formas en que Él les condujo en el desierto para humillarlos y probarlos, y para ver si guardarían sus mandamientos o no (véase Deuteronomio 8:2). Ellos habían de recordar la dificultad a lo largo del camino y los poderosos actos de Dios al librarlos. Cuando ellos tenían sed, Dios sacó agua de una roca, y cuando tenían hambre Él hizo llover maná del cielo como alimento cada mañana. Sus zapatos y sus ropas no se desgastaron durante cuarenta años. Eso sí que es necesitar ropa nueva; ¡eso debió de haber sido lo último!

Jesús les dijo a sus discípulos y a todos aquellos que creerían en Él que recibieran la Santa Comunión como manera de recordar su muerte y resurrección. Él dijo que el pan era su cuerpo partido y el vino era su sangre. Cuando Él compartió el pan y el vino con sus discípulos en la última cena, dijo: "Hagan esto en memoria de mí". Fue establecido como una señal externa de una fe interna, y es algo muy importante que también nosotras deberíamos hacer.

No tomes la comunión sólo una vez al mes, o con la frecuencia en que lo haces, como un ritual, sino toma tiempo para recordar lo que Jesús hizo en la cruz. No sólo salgas a cenar en tu aniversario de boda, sino toma tiempo para hablar sobre los años que tú y tu cónyuge han pasado juntos. Hablen de los momentos difíciles y de los momentos buenos. Cuando otro año haya pasado y sea otra vez tu cumpleaños, no dejes que pase sin recordar las cosas que has logrado en la vida, los amigos que has tenido, y los momentos en que te reíste tanto que te dolía el estómago. Cuando yo tuve mi fiesta de cumpleaños recientemente, mi hijo dijo: "Vamos a contar historias". Yo sabía lo que él quería decir, porque lo hemos hecho antes y esas ocasiones han resultado ser nuestras mejores tardes juntos.

Yo le pregunté qué recordaba él más de cuando era pequeño, y recordó varios eventos. Algunos yo ya los había olvidado, algunos nunca los supe, y otros los había oído antes, pero valía la pena mencionarlos todos y recordarlos. Dave y yo compartimos cosas que recordábamos sobre él, y de algún modo, cuando terminó la tarde nos sentimos más cerca. Él hasta me envió un mensaje de texto al otro día diciendo lo bien que lo habían pasado él y su esposa la noche anterior con nosotros. Créeme: cuando tienes sesenta años y tienes un hijo de veintitantos que te dice lo bien que lo ha pasado contigo, ¡es algo para recordar! Ríete mucho con tus hijos. Ellos quieren que sea divertido estar contigo. Refrénate de encontrar algo mal en su manera de vestir, su peinado, o lo que escogen para comer. Cuando pases tiempo con tus hijos adultos, conviértelo en una fiesta. Tú tuviste la primera parte de su vida para corregirlos, y ahora es el turno de Dios. De ahora en adelante disfruta de ellos.

Hay 161 referencias a la palabra "recordar" en la concordancia de la Biblia, sesenta y dos para la palabra "recordado" y cuatro para "recordando". Hay sesenta y cinco referencias a la palabra "olvidar", y la mayoría de ellas nos recuerdan que no olvidemos lo que Dios ha hecho y cómo Él nos ha librado en el pasado.

Hay momentos que olvidar y cosas que olvidar. Por ejemplo, cuando el apóstol Pablo dijo que él olvidaba lo que queda atrás, estaba hablando sobre no ser condenado por errores del pasado (véase Filipenses 3:13). En Isaías se nos enseña a no recordar las cosas antiguas porque Dios hace algo nuevo. Lo que eso significa es que no hemos de quedarnos atascadas en el pasado y nunca querer ni estar preparadas para el cambio. Oímos mucha enseñanza sobre olvidar el pasado, y aunque hay momentos para hacer eso, también deberían enseñarnos a recordar el pasado y transmitirlo a futuras generaciones.

La Historia es la historia de Él

Cualquier libro de Historia es simplemente un relato de lo que ha sucedido en el pasado. En Norteamérica ahora descubrimos que los libros de Historia han sido revisados y que la mayoría de las referencias a Dios se han eliminado de ellos. Ya no tenemos disponible fácilmente nuestra verdadera historia, y eso es una tragedia. Los libros de Historia en las escuelas públicas están escritos sin referencias a Dios o a su Palabra, así que en realidad lo que se enseña a los alumnos no es verdadera historia en lo más mínimo. Norteamérica la fundaron piadosos hombres y mujeres, sobre la Palabra de Dios. Nuestra constitución y libros de leyes estaban basados en la Palabra de Dios. Los edificios de gobierno en nuestra capital tienen la Palabra de Dios labrada en los muros y en sus piedras angulares. Norteamérica es grande porque ha sido piadosa, pero si los humanistas se salen con la suya y tienen éxito en eliminar la memoria de lo que Dios ha hecho en Norteamérica, entonces será destruida, o al menos se convertirá en un país en el que no nos sentiremos orgullosos de vivir. (Nuestro ministerio tiene libros de historia norteamericana disponibles que contienen la verdadera herencia piadosa de nuestro país).

El diablo está usando a personas impías para evitar que los norteamericanos y el mundo recuerden lo que Dios ha hecho en nuestro pasado. El increíble crecimiento, poder, riqueza, y el genio creativo que experimentamos en un periodo tan breve de tiempo en los Estados Unidos no fue nada menos que sorprendente, y todo fue debido a Dios. El hombre no debe ahora tratar de eliminar a Dios y llevarse el mérito él mismo, porque, si lo hace, el resultado puede ser algo que verdaderamente no querremos recordar.

La Biblia es un libro de Historia de la historia de Dios, y Él advirtió que nadie debería añadir ni quitar de él. Una persona que decida cambiar un libro de Historia no altera la Historia, pero sí evita que las personas la conozcan. Si no sabemos de dónde vinimos, normalmente no sabemos qué dirección tomar a medida que avanzamos. Si nuestra historia fue buena, podemos repetirla, y si fue mala, entonces podemos evitar repetirla. La Historia, buena o mala, es toda educativa. La mayoría de nosotros queremos saber lo que ha sucedido en el pasado. Nos gusta escuchar las historias de la gente, que es su historia. Nos gusta ir a museos y ver películas sobre guerras del pasado y eventos trágicos, como el hundimiento del *Titanic* o de Hitler y el Holocausto. Estamos interesados simplemente porque es Historia y, como tal, es parte de nosotros. Nos sentimos más completos cuando conocemos nuestra historia.

En Internet se ofrecen páginas web que ayudan a las personas a establecer sus árboles genealógicos, y con frecuencia me he preguntado si yo tengo algún predicador o ministro en mi línea de sangre familiar. ¿Hay algunos hombres o mujeres que hicieron grandes cosas, algún escritor o inventor? La Historia nos llama a profundizar y descubrir lo que ella contiene.

La mayoría de nosotras nacimos curiosas. Nos gusta resolver un misterio, y la Historia está llena de misterio. Sé que yo, por mi parte, me sorprendo cuando leo sobre algunas de las batallas que lucharon los israelitas, y la variedad de formas en que Dios los libró. Conocer la historia aumenta nuestra fe en que, si Dios lo hizo una vez, Él puede hacerlo de nuevo.

Si no transmitimos la verdadera historia de Dios a las siguientes generaciones, será trágico. Sólo la verdad puede mantener a la gente libre. Diles a tus hijos todo lo que puedas sobre Dios. Cuéntales historias de la Biblia y ayúdales a recordar las grandes cosas que Dios ha hecho. Asegúrate cuando celebres vacaciones como Navidad, Semana Santa y Acción de Gracias de usarlas como una oportunidad para enseñar a tus hijos y recordarte a ti misma de lo que verdaderamente tratan esas celebraciones. Navidad es el día en que celebramos el nacimiento de Jesucristo. Le honramos a Él dándonos regalos unos a otros. La gente históricamente da a los pobres en la época de Navidad más que en ninguna otra época del año. Navidad es una fiesta cristiana, pero muchas personas que no tienen ninguna afiliación religiosa concreta la celebran. Es sencillamente un día en el que se reúnen con su familia, van a fiestas del trabajo, y dan y reciben regalos, pero no tienen entendimiento de lo que realmente se trata. Nosotras no hemos de caer en la trampa de observar tradiciones que han perdido su significado.

Acción de Gracias no es solamente un día para comer pavo y pastel de calabaza. Fue un día que originalmente se apartó para recordar y dar gracias a Dios por lo que Él había hecho al proteger a los primeros hombres y mujeres que llegaron a Norteamérica huyendo de la persecución religiosa en Europa. Era un tipo de celebración de la cosecha como la que celebraban los judíos. Un día para dar gracias por los cultivos que ellos podían cosechar. Siempre deberíamos tomar tiempo en Acción de Gracias para dar gracias realmente, y debería ser una oración de más de treinta segundos. Yo sugiero sentarnos en grupo con familiares y amigos y dejar que cada persona comparta algo en particular por la que esté agradecida y que sucediera el año anterior al igual que su gratitud en general.

Semana Santa es la celebración de la resurrección de Jesucristo, y no debería centrarse en buscar huevos de colores y conseguir cestas llenas de chocolate entregadas por un conejo. No estoy en contra del conejo de Semana Santa ni de los huevos de colores, pero, sin duda, necesitamos decirles a nuestros hijos lo que la fiesta representa verdaderamente. Esas vacaciones especiales y otras fueron instituidas como memoriales, o como maneras de recordar grandes cosas que Dios hizo en el pasado, así que asegurémonos de recordarlas. Antes de que te sientes a comer con familiares en Semana Santa, ¿por qué no sacar tu Biblia y leer la historia de la resurrección, ofrecer una oración especial de gratitud por lo que Dios ha hecho por nosotros por medio de Cristo?

Recuerda que Dios recuerda

Aumenta nuestra fe cuando recordamos que Dios nos recuerda. Él promete nunca dejarnos ni abandonarnos. Él mantiene sus ojos sobre nosotras todo el tiempo. Él recuerda todas nuestras oraciones. Él guarda nuestras lágrimas en una botella, y no olvida el clamor del humilde, el pobre y el afligido (véase Salmo 56:8 y 9:12).

Justamente ayer hablé con un hombre cuya esposa murió de cáncer a la edad de treinta y nueve años, dejándole cuatro hijos y un corazón roto. Él compartió que pensaba que no podría seguir adelante hasta que leyó el Salmo 121 que le recordaba que Dios es su Cuidador.

No permitirá que tu pie resbale; jamás duerme el que te cuida.

Salmo 121:3

El SEÑOR te cuidará en el hogar y en el camino, desde ahora y para siempre.

Salmo 121:8

Este hombre necesitaba recordar que aunque había experimentado una tragedia, Dios no se había olvidado de él. Dios le estaba cuidando y le capacitaría para hacer lo que era necesario hacer. Dios le fortalecería.

Poco tiempo después conoció a una mujer maravillosa que también había soportado una tragedia en su matrimonio. Se enamoraron, se casaron, y juntos han criado a sus siete hijos. La tragedia no es el fin de la vida, sino que puede ser un nuevo comienzo. Puede que nunca entendamos por qué suceden algunas cosas del modo en que suceden, pero sin importar lo que suceda, Dios sigue siendo Dios y Él no se ha olvidado de ti.

Dios perdona y olvida nuestros pecados (véase Hebreos 10:17), pero Él nunca se olvida de nosotras.

CAPÍTULO
8

Celebra quién eres y lo que tienes

¿Tienes el hábito de mirar lo que no eres y lo que no tienes, o te has entrenado a ti misma para ver quién eres, lo que puedes hacer, y los recursos que actualmente tienes a tu disposición? Necesitamos aprender a identificarnos con Cristo y a reconocer las cosas buenas que hay en nosotras.

Para que la participación de tu fe sea eficaz en el conocimiento de todo el bien que está en vosotros por Cristo Jesús.

Filemón 1:6, RV–60

Fácilmente formamos el hábito de reconocer las cosas malas que hacemos, pero según este versículo necesitamos reconocer las cosas buenas que hay en nosotras por medio de Cristo Jesús a fin de que nuestra fe sea eficaz.

El apóstol Pablo oraba para que tuviéramos espíritu de sabiduría y revelación en el conocimiento de Dios y del Señor Jesucristo; para que los ojos de nuestro corazón fuesen llenos de luz para poder conocer la esperanza de su llamado y las riquezas de la gloria de la herencia que es nuestra. También oró para que conociésemos la abundante grandeza del poder de Dios hacia nosotros los que creemos en Él (véase Efesios 1:17–19).

Es muy importante que tengamos espíritu de sabiduría y revelación para que podamos conocer las tres siguientes cosas: número uno, que podamos tener el conocimiento de Dios, o que podamos conocer a Dios mismo. Este no es un conocimiento que se obtiene mediante la educación, sino que es el conocimiento que se obtiene mediante revelación; es un conocer que nos es revelado por Dios mismo. Número dos es que podamos conocer la esperanza de nuestro llamamiento, lo cual significa el eterno plan de Dios y cómo encajamos en él. Dios quiere una posesión y nosotros somos esa posesión. Nosotros somos su familia deseada. Debemos saber que Dios nos llama a ser sus hijos e hijas y que, como tales, tenemos una herencia. Una herencia se activa cuando quien da la herencia muere, y como Jesús ha muerto, debemos comprender que tenemos una herencia ahora. No estamos esperando una, ¡sino que tenemos una ahora! Número tres es el conocimiento por revelación del poder de Dios que tenemos a nuestra disposición. Podemos hacer cualquier cosa que Dios nos pida hacer debido a la grandeza de su poder hacia nosotros. Pablo declara que ese poder del que estamos hablando no puede medirse; es ilimitado y sobrepasa hasta a la cosa más grande que podamos imaginar. ¿Hemos comenzado siquiera a entender muchas de nosotras este poder? Si este poder ya está a nuestra disposición, ¿entonces por qué muchos de los hijos de Dios viven vidas destruidas, llenas de depresión, desaliento y desesperación? No debemos tener temor a hacer estas preguntas si queremos encontrar respuestas.

Conoce verdaderamente a Dios

¡Qué maravilloso es que podamos conocer al Dios del universo! Los atenienses construyeron un altar al Dios desconocido (véase Hechos 17:23). Con toda su educación, razonamiento y filosofías, aún no podían entender a Dios. La Biblia nos enseña que la vida eterna es conocer a Dios.

Y ésta es la vida eterna: que te conozcan a ti, el único Dios verdadero, y a Jesucristo, a quien tú has enviado.

Juan 17:3

Cuando Pablo oró por los efesios, ellos conocían a Dios y tenían vida eterna, pero aun así Pablo oró para que tuvieran sabiduría y revelación en cuanto a conocerlo a Él. Ellos aún necesitaban conocerlo más a Él. Conocer a Dios es progresivo, y debe buscarse. Pablo comparte su deseo más profundo con nosotros en Filipenses. Por favor, toma tiempo para digerir el pasaje siguiente:

> Lo he perdido todo a fin de conocer a Cristo, experimentar el poder que se manifestó en su resurrección, participar en sus sufrimientos y llegar a ser semejante a él en su muerte.
>
> *Filipenses 3:10*

Existe una gran diferencia entre conocer sobre Dios y conocer a Dios. Cuando conocemos verdaderamente a Dios, también experimentamos (conocemos) su poder. Pablo estaba decidido, y entendía que el entendimiento que sabía que buscaba sería una búsqueda de toda la vida. Él sabía que lograr ese conocimiento no era algo que se obtenía mediante el razonamiento o por aprender de libros, sino que Dios tenía que darlo por revelación y se adquiriría progresivamente a lo largo de su vida. Afortunadamente, Dios es lo bastante profundo para que nunca lleguemos a conocer todo lo que hay que conocer. Solamente cuando vayamos al cielo conoceremos como Él nos conoce a nosotros ahora (véase 1 Corintios 13:12).

Me entristece cuando la gente con frecuencia iguala cristianismo con asistir a la iglesia y nada más. En la iglesia se nos enseña acerca de Dios, pero una relación personal e íntima con Dios por medio de Jesucristo requiere mucho más que un viaje semanal a la iglesia. Para conocerlo a Él debemos tener hambre del tipo de conocimiento que sólo puede provenir de Dios mismo por revelación. Es un conocimiento que va más allá de lo que pensamos, vemos o sentimos; es un conocimiento interno de Dios que nada ni nadie nos pueden arrebatar. Cuando tenemos ese conocimiento interno, nada externo puede movernos de nuestra creencia en Dios. Ya no necesitamos evidencia para proteger nuestra fe. Confiamos en Dios igualmente aun si Él no nos da lo que queremos como quisiéramos que Él hiciera. No necesitamos sentir o ver, porque conocemos. Job dijo: "Yo sé que mi redentor vive" (Job 19:25). Aunque Job pasó por dificultades inimaginables y cosas aparentemente injustas, él conocía a Dios, y su conocimiento le sostuvo en las dificultades y le llevó a un nuevo nivel de victoria y bendición.

Muchos cristianos viven demasiado por sentimientos. Si se sienten felices y contentos, entonces dicen que Dios les está bendiciendo, pero si se sienten tristes, fríos o desanimados entonces les podrías oír decir: "¿Dónde está Dios hoy?". Si su oración no es respondida de modo que les satisfaga, preguntan dónde está Dios. Cuando experimentamos la destrucción de las Torres Gemelas en la ciudad de Nueva York el 11 de septiembre, un locutor preguntó: "¿Dónde estaba Dios cuando todo esto sucedió?". Si ese locutor hubiera conocido a Dios, nunca habría hecho esa pregunta.

Si tenemos un verdadero conocimiento de Dios, no somos movidos por ningún punto de vista científico, ni ninguna teoría de la evolución, o las denominadas contradicciones en las traducciones de la Biblia. Hemos llegado a un perfecto reposo sabiendo que Dios es, y conociendo eso, entonces sabemos que ninguna otra cosa importa. No sentimos la necesidad de explicar las cosas porque sabemos que no pueden explicarse con palabras. Pablo dijo que él vio cosas cuando tuvo visiones del cielo que no podía explicar. Los hombres siempre quieren explicar a Dios, pero si le conocemos verdaderamente, entonces lo primero a lo que renunciamos es a tratar de entenderle a Él o explicarle. La persona que conoce espiritualmente no tiene necesidad de entender mentalmente.

Ora diariamente por espíritu de sabiduría y de revelación para que puedas conocer a Dios y a su Cristo, el Mesías, el Ungido. Celebra que conoces a Dios, que eres un ser eterno y que progresivamente le conoces mejor con el paso de cada día. Qué increíble bendición es conocer a Dios. Debería hacernos cantar, danzar, aplaudir, y gritar de gozo. ¡Celebra porque te has unido a la fiesta de Jesús!

Conoce el llamado y la herencia de Dios

Dios quiere que conozcamos cuáles son su plan y su propósito eternos. Quiere que conozcamos la esperanza de nuestro llamamiento. Él nos ha escogido en sí mismo para que seamos santos, para que vivamos delante de Él sin mancha y en amor. Ese es el llamado de Dios, y ciertamente es grande. ¿Cómo podemos cumplir con tal llamado ya que estamos llenas de debilidades, incapacidad, y somos propensas a la tentación? ¿Cómo podemos tener tantas faltas y aún así tener la esperanza de ser santas? Es hermosamente sencillo cuando tenemos revelación. Somos hechas santas en Jesucristo y podemos levantar nuestras voces y confesar bien alto: "Soy santa en Jesucristo, soy intachable y perfecta en Él". Cuando cualquier creyente llega al punto de conocer por revelación lo que es suyo *en el presente,* pone fin a la búsqueda incesante de algo, ¡porque ahora sabe que lo tiene! ¡Consumado es! ¡Está hecho! ¡Es de él! Entonces fácilmente puede llegar a ser lo que cree que es. Lo que acabo de decir en las seis últimas frases es extremadamente importante que cada persona lo entienda, así que te pido que vuelvas a leerlas. Debemos entender lo que tenemos en este momento pues, de otro modo, pasaremos nuestra vida batallando por obtener algo que ha sido nuestro todo el tiempo.

Yo intenté por muchos años amar a otras personas, pero no tenía revelación de que Dios me amaba y que yo, de hecho, estaba llena del amor de Dios (véase Romanos 5:5). Fue fácil para mí entregar amor cuando supe que lo tenía, pero mientras estaba atascada intentando conseguir algo que ya tenía, era incapaz de darlo. ¡No podemos dar lo que no sabemos que tenemos! No es sorprendente que el apóstol Pablo orase por la iglesia en Éfeso para que supiesen lo que habían heredado en Cristo. Quizá la razón de que tengamos dificultad para aceptar que esa santidad, paz, gozo, justicia, redención, liberación, sabiduría, victoria, y literalmente cientos de otras bendiciones son nuestras en este momento, se deba a la forma en que nos vemos a nosotras mismas. Con frecuencia nos vemos como meros seres humanos en lugar de vernos como hijas de Dios. Necesitamos ver lo que Dios ve. Necesitamos ver con los ojos de la fe. Puede que pensemos que las cosas prometidas son nuestras después de que cambiemos y nos comportemos mejor, así que seguimos intentando mejorar y, trágicamente, nunca aprendemos a acudir tal como somos.

Estás invitada a una fiesta de "ven tal como eres"

Una de las primeras cosas que preguntamos cuando nos invitan a una fiesta es: "¿Cómo debería ir vestida?". A la mayoría de nosotras nos gusta más cuando sentimos que podemos acudir tal como somos; nos gusta cuando podemos relajarnos y ser nosotras mismas. Yo observé este pasaje no hace mucho tiempo y pensé en lo maravilloso que es y el mensaje de aceptación que nos proporciona:

> Por medio de él, y en honor a su nombre, recibimos el don apostólico para persuadir a todas las naciones que obedezcan a la fe. Entre ellas están incluidos también ustedes, a quienes Jesucristo ha llamado.
>
> *Romanos 1:5–6*

Si te saltaste el pasaje, por favor regresa y léelo, y observa particularmente que estás invitada tal como eres. Dios obrará en ti mediante su Espíritu Santo y te ayudará a convertirte en todo lo que necesitas ser, pero puedes acudir tal como eres.

No tienes que quedarte alejada y sólo oír la música de la fiesta, pues estás invitada a asistir.

Tienes gozo y paz hoy. Eres redimida, aceptada, y estás a cuentas con Dios. ¡Lo eres! No "lo serás algún día". Estamos destinadas a ser moldeadas a imagen de Él, y nada puede detener eso si sencillamente acudimos cuando Él nos invita. No tenemos que limpiar antes nuestros actos; no tenemos que poner una expresión religiosa y adoptar nuestro tono de voz religioso.

Nuestra perspectiva de Dios, de nosotras mismas, y de su plan para nosotras es demasiado estrecha. Dios quiere que salgamos de la pequeñez y veamos la grandeza de su llamado y de nuestra herencia en Él. Cuando heredamos una cosa, significa que obtenemos aquello por lo cual otra persona trabajó. Jesús obtuvo un premio para nosotras, trabajó por lo que heredamos, y lo único que podemos hacer es recibirlo por fe. No se requiere nada más. Dave y yo dejaremos una herencia a nuestros hijos. Ellos lo saben, y la disfrutarán cuando nosotros muramos. En ese momento, ellos no necesitarán hacer nada sino recibirla y disfrutar de aquello por lo cual Dave y yo trabajamos toda nuestra vida para poder dejárselo a ellos. ¿Podemos recibir por fe lo que Dios ya ha hecho por nosotras en la cruz? No deberíamos estar esperando a que Él haga nada, porque Él ya ha hecho todo lo necesario. Necesitamos conocimiento por revelación con respecto a lo que Él ha hecho y que es nuestro en este momento. Un paso de fe te situará en medio de la mayor herencia jamás traspasada de una persona a otra. Ese paso de fe quita de la vida la lucha y la frustración. Como dice 1 Juan 4:17, "porque en este mundo hemos vivido como vivió Jesús". ¡Eso son buenas noticias!

Necesitamos visión

No necesitamos más de nada, pero sí necesitamos visión con respecto a lo que ya tenemos. Necesitamos visión para hacer cosas mayores para la gloria de Dios. Cuando conozcamos verdaderamente a Dios y veamos la esperanza de su llamado y de nuestra herencia, pasaremos a hacer cosas mayores. La pequeñez ya no nos satisfará porque sabemos que tenemos un gran Dios y un gran llamado.

Cuando Dios se reveló a Isaías, lo primero que Isaías hizo fue reconocer la importancia y el poder de las palabras y lo vanas que habían sido muchas de las suyas en el pasado (véase Isaías 6:1–5). Él vio la santidad de Dios, y tuvo una revelación de Dios que le llevó a un lugar de arrepentimiento por algunas cosas concernientes a sus palabras. Quizá fuese su charloteo sobre Dios lo que le produjo convicción.

Jesús preguntó a Pedro quién decía la gente que era el Hijo del Hombre, y Pedro respondió: "Algunos dicen que Juan el Bautista; otros que Elías; y otros que Jeremías o alguno de los profetas". Entonces Jesús preguntó a Pedro: "¿Y tú quién dices que soy yo?". Dios está escuchando lo que nosotras decimos sobre Él, sobre nosotras mismas y sobre el plan de Dios para nuestras vidas. Él escucha para ver si le conocemos a Él y nuestra herencia en Él. Pedro dijo: "Tú eres el Cristo, el Hijo del Dios viviente" (Mateo 16:13–16). Jesús pasó a decirle a Pedro que su conocimiento le había sido revelado por Dios.

Las otras personas veían a Jesús de manera natural y razonaban en cuanto a quién podría ser Él. Como podemos ver por sus respuestas, ellos realmente no tenían un conocimiento preciso; pero Pedro tenía revelación, y Jesús le dijo que sobre esa revelación Dios edificaría su iglesia y las puertas del infierno no prevalecerían contra ella.

Te digo verdaderamente que cuando conocemos a Dios, conocemos su llamado y su herencia, y pasamos a conocer su poder, entonces las puertas del infierno no pueden prevalecer nunca contra nosotras. Haremos grandes cosas y tendremos vidas gozosas a pesar de cuáles sean nuestras circunstancias. Viviremos en el espíritu de celebración debido a lo que conocemos en nuestro corazón.

Déjame decirte lo que sé

"Déjame decirte lo que sé" normalmente sería una frase llena de orgullo, pero en este caso tengo un propósito. Quiero decirte lo que sé sobre tú y yo como cristianas, y voy a hacerlo de memoria sin buscar nada en la Biblia.

Sé que *somos* hijas de Dios, y que *somos* llamadas, ungidas, y designadas por Él para la grandeza. *Somos* destinadas a dar gloria a Dios y ser moldeadas a la imagen de Jesucristo. *Tenemos* (no tendremos) justicia, paz y gozo en el

Espíritu Santo. *Somos* perdonadas por todos nuestros pecados y nuestros nombres *están* escritos en el libro de la vida del Cordero. Jesús *ha* ido delante de nosotras a prepararnos un lugar para que también podamos estar donde Él está.

Sé que hasta que Él regrese a buscarnos, *ha* enviado a su Espíritu Santo como nuestra garantía de las cosas aun mejores que *han* de venir. Se *nos* garantiza una herencia porque *fue* comprada con la sangre de Jesús. Tenemos un nuevo pacto y se nos ofrece una nueva manera de vivir. *Somos* hechas nuevas criaturas en Cristo, las cosas viejas *han* pasado y todas las cosas *han* sido hechas nuevas. Podemos soltar los errores del pasado y proseguir hacia la meta de la perfección. Sé que *Dios nos ama* con un amor infinito e incondicional y que su misericordia permanece para siempre. Sé que todas las cosas *son* posibles para Dios y que *todo lo podemos* en Cristo que nos fortalece.

Sé que Dios nunca permite que venga sobre nosotras más de lo que podemos soportar, y que Él siempre dará una salida, un lugar seguro donde permanecer. Sé que *todas* las cosas obran para bien para aquellos que aman a Dios y *son* llamados según su propósito, y que aquello que nuestros enemigos se proponían para mal, Dios se lo propone para bien. Sé que *Él es* nuestro Defensor, nuestro Redentor y Restaurador. Él hace nuevas todas las cosas.

> Sé que Dios nunca permite que venga sobre nosotras más de lo que podemos soportar, y que Él siempre dará una salida, un lugar seguro donde permanecer.

No tenemos que preocuparnos, porque Dios tiene toda potestad en el cielo y en la tierra, y hasta debajo de la tierra, y Él lo tiene todo bajo control. Sé que Dios oye y responde a nuestras oraciones. Sé que Dios es nuestro Guardador y que *estamos* seguras. *Hemos sido* liberadas del poder del pecado, y *estamos* sentadas en lugares celestiales con Cristo Jesús y *somos* hechas aceptas ante Dios mediante la fe en Jesús.

La verdad es que podría seguir por mucho más tiempo, pero creo que a estas alturas ya has entendido el punto. Antes de que yo supiera estas cosas, no tenía poder, ni victoria, ni ninguna esperanza, ¡pero ahora sé que mi Redentor vive! Sé que deberíamos estar celebrando lo que tenemos en este momento, ¡porque verdaderamente tenemos más que suficiente en cada área de la vida! Todas estas cosas maravillosas son nuestras en el presente mediante nuestra fe en Jesucristo. En Él somos nuevas criaturas, las cosas viejas han pasado y todas las cosas son hechas nuevas (véase 2 Corintios 5:17). Cité Filemón 1:6 de la versión Reina-Valera 1960 de la Biblia en el capítulo anterior, pero echemos un vistazo en la Nueva Versión Internacional:

Pido a Dios que el compañerismo que brota de tu fe sea eficaz para la causa de Cristo mediante el reconocimiento de todo lo bueno que compartimos.

Filemón 1:6

Pablo oró para que los cristianos conociesen las cosas buenas que eran de ellos en el presente, y esa es mi oración por ti.

Pablo oró para que los cristianos conociesen
las cosas buenas que eran de ellos en el presente,
y esa es mi oración por ti.

Conoce el poder de Dios

En la carta a los Efesios, Pablo oró que conociésemos la abundante grandeza del poder de Dios hacia nosotros. Dios es poderoso, y cualquiera que cree en Dios sin duda cree eso, pero la pregunta es: ¿creemos que su poder está a nuestra disposición y que existe para nosotros? ¡Pablo habló del poder de Dios hacia nosotros!

Yo viví en derrota total aproximadamente los primeros cuarenta años de mi vida porque no sabía que tenía poder como cristiana. Pensaba que sencillamente tenía que aguantar todo lo que saliese a mi camino y tratar de ir tirando hasta que muriese, momento en el que podría ir al cielo. Puedo decirte sin duda alguna que una vida como la que acabo de describir no da gloria a Dios como somos llamados a hacer. ¡Debemos conocer su poder hacia nosotros!

Es un poder que ya ha sido dado. En Lucas, Jesús dijo: "He aquí les he dado poder...". No necesitamos esforzarnos por el poder o esperar tener poder algún día; ¡tenemos poder ahora! El mismo poder que resucitó a Cristo de la muerte mora en nosotros (véase Romanos 8:11) y podemos ser avivados (llenos de vida) por ese poder. No es una llenura de una sola vez que después lentamente se va agotando a medida que pasan los días, sino que podemos ser llenos diariamente, y hasta momento a momento podemos experimentar su presencia y su poder en nuestras vidas ¡El lugar de comienzo es creer! Debemos creer lo que Dios nos dice en su Palabra y debemos creerlo sin duda alguna. Aun si no nos sentimos poderosas, debemos creer que tenemos poder, y no es un esfuerzo hacerlo si tenemos conocimiento por revelación con respecto al poder de Dios hacia nosotras.

El poder de Dios es ciertamente grande, y es tan grande que a menos que Dios abra nuestros ojos espirituales (nos dé revelación), nunca podremos entenderlo. No tenemos manera de determinar lo grande que es el poder de Dios porque no puede medirse y no tiene límites. La buena noticia es que es hacia nosotros. ¡Esta buena noticia es tan emocionante que creo que siento que se acerca una fiesta! Creo que necesito comer una galleta, o comprar un par de zapatos, o hacer algo que me haga reír; ¡necesito celebrar porque sé que nunca seré abandonada en una posición de estar sin poder!

Esto es mejor que conocer al presidente de la central eléctrica local. Yo tengo que pagar por la potencia eléctrica que entra en mi casa, pero Jesucristo ha pagado la potencia por la que vivo. Si la compañía eléctrica nos llamase y nos dijese que habíamos sido elegidos para tener potencia eléctrica gratuitamente el resto de nuestras vidas, nos emocionaríamos tanto que, en poco tiempo, todas las personas a quienes conocemos sabrían sobre la potencia eléctrica que tenemos a nuestra disposición. No tendríamos que preocuparnos por apagar luces, o por cuánto consumiera nuestra calefacción. ¿Y si la compañía eléctrica nos garantizase electricidad incluso durante una tormenta? No tendríamos por qué tener temor a las tormentas. Podríamos mirar a un lado y otro de las oscuras calles que nos rodeasen durante una tormenta, pero nuestras luces y nuestra potencia seguirían encendidos. Ese es el modo en que funciona cuando estás enganchada al poder ilimitado de Dios por la fe.

Vivimos en tiempos difíciles y peligrosos, pero la oscuridad no puede apagar nuestra luz porque tenemos potencia gratuita e ilimitada. Estoy emocionada y tengo ganas de celebrar, así que creo que haré un descanso en mi trabajo, me prepararé un maravilloso café con leche, abrazaré a mi perra, ¡y le daré a mi esposo un gran beso!

CAPÍTULO
9

Celébrate a ti misma

¡He regresado! El café con leche fue estupendo y también el beso.

> Ahora tenemos que hablar sobre celebrarte a ti misma, porque eres valiosa, ¡y sin duda alguna alguien que merece una celebración!

Ahora tenemos que hablar sobre celebrarte a ti misma, porque eres valiosa, ¡y sin duda alguna alguien que merece una celebración! No puedo escribir un libro sin decirte lo increíble que eres y las posibilidades que tienes. Me temo que quizá ninguna otra persona te lo haya dicho nunca, y yo sencillamente no puedo permitir que pases un día más sin saber la verdad. Has sido creada maravillosamente y con un propósito. Como creyente en Jesucristo, eres el hogar de Dios; sí, Dios vive dentro de ti (véase Efesios 3:17).

Él se ha invertido a sí mismo en ti y te ha dado talentos y capacidades que te equipan para hacer ciertas cosas. Tú eres parte del plan y el propósito de Dios.

¿Qué piensas de ti misma?

¿Has tomado tiempo alguna vez para pensar en lo que piensas sobre ti misma? ¿Cuál es tu actitud hacia ti misma? Dios piensa que tú eres especial y Él te celebra todo el tiempo. ¿Mereces una celebración? En la Biblia se nos dice que cantemos, nos regocijemos y tengamos buen ánimo porque Dios ha quitado el juicio que estaba en contra de nosotras. Él ha venido para vivir en medio de nosotros, y no tenemos necesidad de temer. Debido a que Él nos ama, ni siquiera menciona los pecados del pasado, y se goza sobre nosotras con cántico (véase Sofonías 3:14, 17).

> Dios piensa que tú eres especial y Él te celebra todo el tiempo.

Estos pasajes de la Escritura no dicen que Dios esté sentado en el cielo llorando y lamentándose porque nosotras cometemos errores y no somos en absoluto lo que Él había esperado que fuésemos. Dicen que deberíamos tener buen ánimo porque Dios nos ama y canta sobre nosotras. ¡A mí me suena a una fiesta!

Cuando una oveja perdida se encuentra, el pastor se regocija (véase Mateo 18:13), así que si tú te convertiste en creyente en Jesús ayer, Dios se está regocijando por ti. Puede que te quede un largo camino que recorrer antes de llegar a la madurez espiritual, pero Dios se sigue regocijando por ti. Él está siempre feliz por lo lejos que hemos llegado, a pesar de lo mucho que nos quede por avanzar en el camino. ¡Dios siempre celebra el progreso!

Dios te sonríe

¡Dios se agrada de ti! Ahora bien, antes de que decidas rechazar esa buena noticia, déjame darte respaldo de la Escritura para mi declaración. En dos diferentes ocasiones, una voz (la voz de Dios) llegó del cielo diciendo que Él se agradaba de su Hijo Jesús (véase Lucas 3:22 y Mateo 17:5). La primera vez que esto ocurrió fue en el bautismo de Jesús, y la segunda vez fue cuando Él, y unos pocos de sus discípulos, estaban en el monte de la Transfiguración. Esos dos acontecimientos fueron importantes en la vida de Jesús, y estoy segura de que lo que Dios dijo tenía intención de añadir a la celebración y alentar a Jesús.

Probablemente estés pensando, igual que yo al ver inicialmente este pasaje: "Puedo entender que Dios le dijera eso a Jesús porque Él era perfecto". El Espíritu Santo trataba de utilizar ese pasaje para alentarme a dejar de pensar que Dios estaba enojado conmigo la mayor parte del tiempo y atreverme a creer que Él en realidad se agradaba de mí. Al igual que muchos cristianos que carecen de revelación, yo tenía la idea errónea de que cada vez que hacía algo mal, Dios fruncía el ceño, y se enojaba un poco conmigo. Esa había sido mi experiencia con mi padre terrenal, y yo suponía que Dios era igual, pero estaba equivocada. El salmista David, el muchacho pastor que se convirtió en rey, creía que Dios se agradaba de él y, sin embargo, sabemos por la Escritura que David estaba lejos de ser perfecto.

"Me sacó a un amplio espacio; me libró porque se agradó de mí".

Salmo 18:19

Esta frase también salió de boca de David como parte de un canto que él cantó a Dios el día en que el Señor lo libró de todos sus enemigos y de la mano de Saúl (véase 2 Samuel 22:1, 20). Solamente imagina ir caminando por la casa en conduciendo en tu auto y cantando: "¡Dios se agrada de mí y se deleita en mí!". Dudo de que muchas de nosotras tuviéramos este tipo de confianza, pero deberíamos tenerla. David también dijo que él sabía que Dios le favorecía y que se deleitaba en él porque sus enemigos no triunfaron sobre él (véase Salmo 41:11).

Quizá David era un poco celoso de más, y tenía un problema de actitud. Después de todo, ¿quién tendría la audacia de decir que Dios se agradaba de él? Pero también debemos recordar que Dios dijo que David era un hombre según su corazón, así que eso significaba que a Él le gustaba su valiente actitud de fe. Puede que haya sido una de las principales razones por las que Dios le escogió y le ungió para ser rey. David no era el único que habló así. El apóstol Juan también habló de sí mismo como el discípulo al que Jesús amaba (estimaba y se deleitaba) (véase Juan 13:23).

Después de mucho estudio, finalmente tuve que estar de acuerdo con el Espíritu Santo. Dios no está enojado con nosotras, y en realidad se agrada de nosotras y se deleita en nosotras. ¡Creo que Dios nos sonríe ahora mismo! Él nos ve en Jesucristo y por medio de Él. ¿Estás lista para reconocer quién eres en Cristo y todo lo bueno que es tuyo en Él (véase Filemón 1:6)?

> ¡Creo que Dios nos sonríe ahora mismo!

Dios le dio a Moisés palabras para bendecir a los israelitas con:

"El Señor te bendiga
y te guarde;
el Señor te mire con agrado
y te extienda su amor;
el Señor te muestre su favor
y te conceda la paz".

Números 6:24–26

No pases por alto la frase "te mire con agrado". ¡Dios te sonríe!

Una vez yo tuve un pastor que pronunciaba esas palabras sobre la congregación al término de cada servicio de la iglesia. ¿Qué nos sucedería si realmente creyésemos que Dios nos sonríe, que Él nos aprueba? Creo que añadiría un alto grado de confianza y de valentía que es realmente necesario no sólo para el disfrute de la vida, sino también a fin de cumplir la voluntad de Dios. Si tienes el coraje de comenzar a decir de ti misma que Dios se agrada y se deleita en ti, puedo prometerte que las primeras veces te sentirás avergonzada. Podrías hasta sonrojarte, pero también comenzarás a caminar con nuevos niveles de confianza, poder, paz y gozo.

Como yo digo a menudo: Dios no se agrada de nuestra conducta, sino que se agrada de nosotras si le amamos y queremos progresar. Cuando hacemos confesiones positivas, como la que estoy sugiriendo, no estamos hablando de nuestra conducta, sino que estamos hablando de nuestro corazón.

¿Es peligroso tener una buena opinión de ti misma?

El orgullo es un pecado terrible, y se nos enseña en la Palabra de Dios a no tener un concepto de nosotras mismas más alto de lo que debiéramos. Se nos dice que no tengamos una opinión exagerada de nosotras mismas (véase Romanos 12:3). Eso no significa que tengamos que tener una mala opinión de nosotras mismas o que nos menospreciemos; sí significa que hemos de recordar que no somos mejores que ninguna otra persona, y que cualquier cosa para la cual Dios nos haya capacitado es un regalo de Él, y nunca es una razón para tener una opinión exaltada de nosotras mismas. No tenemos mayor derecho a reclamar el mérito por una capacidad especial del que tenemos por tener ojos azules o cabello oscuro. Pablo escribió a los corintios y les preguntó qué tenían ellos que no fuese un regalo de Dios (véase 1 Corintios 4:7).

Cuando se nos advierte que no nos tengamos en mayor estima de lo que debiéramos, significa que hemos de entender que no somos nada aparte de Jesús y que sin Él no podemos hacer nada. El valor que tenemos se encuentra en Él y podemos celebrar quiénes somos sólo debido a Él. En realidad, cuando celebramos quiénes somos en Jesús, es una forma de celebrar a Jesús mismo.

Hacemos esto mucho más difícil de lo que necesita ser. Es sencillo: lo somos todo en Jesús y nada en nosotras mismas.

Me gusta decir: "¡Yo soy nada/todo!". Celebramos debido a la increíble obra que Dios hace en nosotras, y no debido a cualquier valor que tengamos en nosotras mismas. Mientras continuemos dando a Dios la gloria por todo lo bueno que manifestemos, estamos en un camino seguro y correcto.

Por alguna razón, la religión ha enseñado a la gente que para ser piadosos necesitan tener una baja, o hasta mala, opinión de sí mismos, y yo creo que este tipo de pensamiento ha hecho un daño incalculable al plan de Dios. Creo que mientras sepamos que somos menos que Dios y Él es siempre

Por alguna razón, la religión ha enseñado a la gente
que para ser piadosos necesitan tener una baja,
o hasta mala, opinión de sí mismos, y yo creo que
este tipo de pensamiento ha hecho un daño incalculable
al plan de Dios.

nuestro Jefe y Cabeza, entonces estamos seguras. Considera estos versículos:

¿Qué es el hombre, para que en él pienses?
¿Qué es el ser humano, para que lo tomes en cuenta?
Pues lo hiciste poco menos que un dios,
y lo coronaste de gloria y de honra:
lo entronizaste sobre la obra de tus manos,
todo lo sometiste a su dominio.

Salmo 8:4–6

Sí, somos menos que Dios, pero Él nos ha coronado de honor y gloria. ¿Tienes una actitud honrosa hacia ti misma, o una actitud irrespetuosa? Somos creadas a imagen de Dios (véase Génesis 1:26), y Él nos ha dado autoridad sobre todas las demás obras de sus manos. Dios quiere trabajar en colaboración con nosotras para cumplir su propósito en la tierra, y no podemos hacer eso a menos que mantengamos

¿Tienes una actitud honrosa hacia ti misma, o una actitud irrespetuosa?

una actitud adecuada hacia nosotras mismas. Te sugiero que digas en voz alta diariamente: "Yo no soy nada sin Jesús, pero en Él y por medio de Él soy valiosa y puedo hacer grandes cosas".

Yo no sólo no creo que sea peligroso tener una buena opinión de ti misma (en Cristo), sino que creo que *es peligroso no tenerla*. Lo cierto es que no puedes elevarte por encima de lo que pienses. Todos estamos limitados por nuestros propios pensamientos. Si pensamos en pequeño, viviremos en pequeño; y si pensamos en grande, viviremos en grande. Dios quiere que entendamos lo grande que Él es, y quiere que nosotras seamos lo bastante valientes para pensar pensamientos grandes. Dios no reprendió a David porque él pensara que podía matar a Goliat; ¡Él estaba orgulloso de David! David sabía que su victoria estaba en Dios y no en él mismo, pero tenía confianza y valentía y se negaba a vivir en pequeño.

> Lo que tu vida significa está directamente relacionado con lo que piensas de ti misma. Necesitamos aprender a pensar como Dios piensa.

Lo que tu vida significa está directamente relacionado con lo que piensas de ti misma. Necesitamos aprender a pensar como Dios piensa. Debemos aprender a identificarnos con Cristo y con la nueva persona que Él nos ha hecho que seamos. Algunas personas se identifican con los problemas que han tenido en la vida y se llaman a sí mismas con ese nombre. Dicen:

"Soy divorciada. Soy bancarrota. Soy una víctima de abusos". O: "Soy alcohólica". Deberían decir: "Estuve divorciada, pero ahora soy una nueva criatura en Cristo. Fui una víctima de abusos, pero ahora tengo una nueva vida y una nueva identidad. Era alcohólica, pero ahora soy libre y tengo disciplina y dominio propio". Él tiene un buen plan para cada una de nosotras, pero debemos tener nuestra mente renovada (aprender a pensar de forma diferente) si esperamos alguna vez experimentar lo que Jesús compró con su muerte y resurrección.

En la Escritura, Dios usa palabras como hermoso, honroso, valorado y precioso cuando habla de su pueblo. No hay duda de que somos menos que perfectos, que tenemos fallos y debilidades. Cometemos errores y tomamos malas elecciones, y con frecuencia carecemos de sabiduría, pero Dios es Dios y Él nos ve del modo en que sabe que podemos ser. Él nos ve como un proyecto terminado mientras nosotras estamos haciendo el viaje. Él ve el fin desde el principio y no está preocupado por lo que tiene lugar entremedias. Él no se agrada de nuestro pecado y nuestra mala conducta, pero nunca nos abandona, y siempre nos alienta a proseguir. ¡Dios cree en ti!

¿Te asustan este tipo de palabras?

Cuando yo comencé a ver este tipo de cosas en la Escritura, tuve temor hasta de pensar de esta manera, y mucho menos realmente creerlo. Estaba acostumbrada a pensar que yo era un desastre de persona, un gusano que no merecía ninguna otra cosa sino castigo. Toda mi identidad se basaba en lo que yo hice, y como eso no era muy impresionante, me dejó con una baja opinión de mí misma.

Tenía temor de ofender a Dios si me atrevía a tener unos buenos pensamientos sobre mí misma. Igualaba buenos pensamientos sobre mí misma con orgullo, y ya había tenido bastantes sermones con respecto al peligro del orgullo e intentaba ser lo que yo creía que era humilde. Me sentía segura mientras no me atreviese a pensar un buen pensamiento sobre mí misma. Como dije anteriormente en el libro: "No me sentía bien si no me sentía mal".

También debería mencionar que la actitud negativa que yo tenía sobre mí misma no era algo de lo que yo fuese consciente. Era sencillamente el modo en que vivía porque no conocía otro mejor. Ahora puedo explicarlo como derrotista, impía, equivocada y trágica, pero es un resultado del conocimiento que ahora poseo de la Palabra de Dios. Con frecuencia pregunto a las personas si alguna vez han dedicado un pensamiento a lo que piensan sobre sí mismas. La mayoría de las personas nunca han pensado en eso, y todas parecen reacias a hacerlo. Algunas podrían estar llenas de automenosprecio, odio a sí mismas, autocompasión, o hasta orgullo y arrogancia, y no saberlo. Sencillamente no pensamos en lo que pensamos sobre nosotras mismas, pero necesitamos hacerlo. Mi firme sugerencia es que tengas una reunión contigo misma y te hagas algunas preguntas penetrantes con respecto a cómo te sientes y piensas sobre ti misma. No puedes tratar un problema si ni siquiera sabes que existe.

El diablo aborrece libros como este porque sacan a la luz cosas ocultas. Satanás obra en la oscuridad, pero cuando entra la luz y sus obras y sus mentiras quedan al descubierto, es fácilmente derrotado. ¡Ya es hora de que te celebres a ti misma! Es hora de que celebres tu progreso, tus fortalezas y tus capacidades. Es hora de que celebres a Dios en tu vida.

Aprende a vivir el lado de resurrección de la cruz

Debemos vivir del lado de resurrección de la cruz. Jesús fue crucificado y resucitado de la muerte para que no nos quedásemos más atascadas en el pecado, viviendo vidas pobres, horribles y miserables. Muchas personas llevan un collar llamado crucifijo, que es un emblema de Jesús colgando de la cruz. Con frecuencia vemos un crucifijo en una iglesia con Jesús colgando de la cruz, y sé que se hace para recordarle y honrarle, y yo no estoy en contra de eso, pero la verdad es que Él ya no está en la cruz. Él está sentado en lugares celestiales con su Padre, y también nos ha resucitado por encima del bajo nivel de pensamiento y de vida de la mayoría del mundo.

El apóstol Pablo dijo que él estaba decidido a conocer a Jesús y el poder de su resurrección que le levantó de entre los muertos (véase Filipenses 3:10). Jesús vino para sacarnos de lo ordinario, del pensamiento negativo, de la culpabilidad, la vergüenza y la condenación. Él vino para llevar nuestro pecado a la cruz y derrotarlo. El pecado ya no tiene poder sobre nosotras porque somos perdonadas y el castigo ha sido pagado.

¿De qué lado de la cruz vives: del lado de la crucifixión o del lado de la resurrección? Es bueno y respetuoso recordar que Jesús sufrió una muerte terrible por nosotros en la cruz, pero también debemos entender que Él resucitó de la muerte y puso a nuestra disposición una nueva vida. Hay una canción popular titulada "Porque Él vive", y trata del hecho de que la muerte y la resurrección de Jesús nos dan el poder y el privilegio de vivir en el presente en victoria. Porque Él vive podemos amarnos a nosotras mismas de manera no egoísta. La única forma que conozco de decirlo es: ¡consigue una nueva actitud acerca de ti misma! Deja de pensar que tus fracasos y errores son demasiado para Dios. Él ha dejado a sus espaldas todos tus pecados (véase Isaías 38:17). Él no los está mirando, y tú necesitas dejar de mirarlos también. ¡Trátalos en Cristo y sigue adelante!

Celebra tu vida

¿Cómo te sientes con tu vida? ¿Te gusta, la amas y disfrutas de ella, o la aborreces y desearías tener una vida distinta a la que tienes? ¿Miras a otras personas y sus vidas y desearías ser ellas y tener sus vidas? ¿Quieres verte como ellas se ven, tener lo que ellas tienen, tener sus carreras o sus familias?

Querer lo que otros tienen se denomina codicia en la Biblia, y Dios lo prohíbe. Él hasta lo incluyó en los Diez Mandamientos:

No codicies la casa de tu prójimo: No codicies su esposa, ni su esclavo, ni su esclava, ni su buey, ni su burro, ni nada que le pertenezca.

Éxodo 20:17

Nunca vas a tener la vida de otra persona, así que quererla es una pérdida de tiempo. Tampoco te verás como otra persona, así que aprende a hacer todo lo que puedas con lo que tienes.

Yo he adoptado últimamente una nueva frase, y me está ayudando a tratar con la realidad y no desperdiciar mi tiempo molestándome por cosas sobre las que no puedo hacer nada al respecto. He estado diciendo: "¡Es lo que es!". De algún modo, es para mí una comprobación de la realidad, y enseguida comprendo que necesito tratar las cosas de la forma en que son, y no como a mí me gustaría que fuesen.

Nadie tiene una vida perfecta, y es totalmente posible que si quieres tener la vida de otra persona, ella estará también ocupada queriendo tener la de otra persona; quizá hasta quiera tener tu vida. Personas desconocidas quieren ser estrellas de cine, y estrellas de cine quieren tener intimidad. El empleado promedio quiere ser el jefe, y el jefe

---

Nadie tiene una vida perfecta, y es totalmente posible que si quieres tener la vida de otra persona, ella estará también ocupada queriendo tener la de otra persona; quizá hasta quiera tener tu vida.

desearía no tener tanta responsabilidad. Una mujer soltera quiere casarse, y con bastante frecuencia una mujer casada desearía estar soltera. El contentamiento en la vida no es un sentimiento, sino una decisión que debemos tomar. Contentamiento no significa que nunca queramos ver cambio o mejora, pero sí significa que haremos lo mejor que podamos con lo que tenemos. También significa que mantendremos una actitud que nos permita disfrutar del regalo de la vida.

Si entrásemos en la planta de enfermos de cáncer de un hospital y preguntásemos a un paciente en estado terminal si tomaría nuestra vida con errores, probablemente se alegraría mucho de hacerlo. Probablemente no pensaría que nuestros problemas eran causa de preocupación. Si ponemos las cosas en su perspectiva correcta, siempre se ven mejores. Hoy me duele un poco la espalda porque he estado sentada en la misma posición durante días trabajando en este libro, pero la buena noticia es que puedo caminar y hasta tengo acceso a una aspirina. He estado en lugares en India y África donde a veces algo tan sencillo como una aspirina sería una bendición increíble.

El principio de "sin embargo"

Una vez leí un libro que se basaba totalmente en las palabras *sin embargo*. Enseñaba al lector a tomar cada problema de su vida, mirarlo sinceramente, y después decir "sin embargo", y encontrar alguna cosa positiva en su vida que pusiera el problema en perspectiva. Podría sonar algo parecido a esto: "Tengo mucho trabajo que hacer en las próximas dos semanas; sin embargo, después mi calendario es mucho más ligero, y podré divertirme y descansar más". Una mamá puede estar agotada y decir: "Mi hijo que tiene trastorno de déficit de atención me está volviendo loca; sin embargo, tengo un hijo, y sé que muchas personas no pueden tener hijos". Un padre que tiene que tener dos empleos para llegar a fin de mes podría decir: "Estoy muy cansado de trabajar todo el tiempo; sin embargo, estoy agradecido de que Dios me haya dado dos empleos".

Sin importar quiénes seamos o cuál sea nuestro desafío en la vida, siempre hay un "sin embargo". Algo positivo que podamos ver o de lo que hablar es lo que pone el resto de la vida en perspectiva. ¿Por qué no lo intentas? La próxima vez que te veas tentada a quejarte de tu vida de alguna manera, sigue adelante y expresa tu queja, y después di: *"sin embargo",* y encuentra algo positivo sobre tu vida que compense la queja.

Sólo unos pensamientos

Si te despertaste esta mañana con más partes de tu cuerpo que no te duelen que con las que te duelen, eres bendecida.

Si tienes alimentos, ropa, y un lugar donde vivir, eres más rica que el setenta y cinco por ciento del mundo.

Si tienes dinero en el banco, en tu cartera, o cambio en casa, estás entre el ocho por ciento de las personas más ricas del mundo.

Si nunca has experimentado el peligro de la batalla, la soledad del encarcelamiento, la agonía de la tortura, o los dolores del hambre, estás por delante de quinientos millones de personas en el mundo. Si puedes leer este mensaje, eres más bendecida que dos mil millones de personas en el mundo que no saben leer.

Las palabras afectan al ánimo

Algo que yo he hecho para ayudarme a mantener una buena actitud sobre mi vida es decir en voz alta: "Amo mi vida". Nuestras propias palabras tienen un efecto en nuestro ánimo, así que es mejor decir algo que te ayude a sentirte bien en lugar de algo que te hará enojar o entristecerte. Tu vida es lo que es y, como dicen, tu actitud hacia ella puede edificarte o destruirte.

Puedes permitir que el permanecer feliz sea un divertido desafío. Comprueba cuántos días puedes pasar sin tener el ánimo decaído o sin encontrar algo en tu vida de lo que quejarte. Celebrar la vida es algo que deberíamos hacer a propósito porque entendemos el regalo que es. Dios es vida (véase Juan 1:4), así que, en realidad, ¡cuando celebramos la vida estamos celebrando a Dios! ¡Sin Él no habría vida en absoluto! Intenta crear un mejor ánimo diciendo: "Amo mi vida". Si realmente quieres sentirte bien, intenta esto: "Amo a Dios, amo mi vida, me amo a mí misma, y amo a las personas".

Comprueba cuántos días puedes pasar sin tener el ánimo decaído o sin encontrar algo en tu vida de lo que quejarte.

10

Aprende cuándo detenerte

Comparto en mi enseñanza que con frecuencia estudiamos los pasos de Jesús, pero no estudiamos las detenciones de Jesús. Todas necesitamos aprender cuándo detenernos. Jesús detenía lo que estaba haciendo para escuchar a personas y ayudarlas. Se detenía para descansar, para cenar con amigos, para hacer vino para una boda, y para hacer muchas otras cosas sencillas pero importantes. Uno de mis mayores problemas por muchos años fue que sencillamente no sabía cuándo detenerme.

Mi quiropráctico me ha dicho que me detenga cada cuarenta y cinco minutos cuando estoy escribiendo, para levantarme y estirar los músculos de mi espalda a fin de no terminar con dolor. Pero cuando estoy fluyendo, ¡es muy difícil detenerme! Si no sabemos cuándo detenernos, siempre terminamos con lamentos después. Anoche estaba en la cama con dolor de pies y piernas a causa de mi espalda, y podría haberlo evitado si me hubiera detenido ocasionalmente para hacer lo que mi doctor me dijo que hiciese. No saber cuándo detenernos puede causar todo tipo de dolor en nuestra vida.

Cuando Jesús visitó a Marta y María, María supo cuándo detenerse, pero Marta no. María se sentó a los pies de Jesús para no perderse el momento, pero Marta siguió trabajando (véase Lucas 10:38–41). Me pregunto cuántas veces en mi vida me perdí el momento porque no dejé de trabajar. Sé que perdí momentos con mis hijos cuando eran pequeños porque yo valoraba el trabajo por encima de jugar con ellos. Una buena vida se trata de equilibrio. Tenemos que saber cuándo comenzar y cuándo detener muchas cosas. Eclesiastés nos dice que hay tiempo para todo, y que todo es hermoso en su tiempo. El trabajo es hermoso, pero si trabajamos cuando es tiempo de jugar, entonces el trabajo ya no sigue siendo hermoso; puede crear estrés y tiene la capacidad de destruir nuestra salud. Jugar es hermoso, pero si jugamos cuando deberíamos estar trabajando, entonces el juego se vuelve una falta de disciplina que puede destruirnos.

Detente para reír

¡Es importante que nos detengamos para reír! El mundo está lleno de noticias sobre robos, violencia, deshonestidad y corrupción. Si no nos reímos, no sé cómo sobreviviremos. El mundo no siempre nos da algo por lo que reír, así que necesitamos crear nuestro propio humor. Ayer, Dave y yo íbamos en el auto cuando vimos un cartel que anunciaba cierto producto, y él dijo: "Apuesto a que eso costará un brazo y una pierna". Yo decidí ser divertida y dije: "Si pagases un brazo y una pierna por eso, te costaría mucho salir de la tienda". Él se me quedó mirando incrédulo y dijo: "Debes de estar bastante desesperada por reírte". Sin embargo, los dos nos reímos durante un rato, especialmente yo. Mi broma fue tan poco divertida que resultó divertida. Hoy los dos estábamos haciendo ejercicio en la sala de ejercicios cuando él de repente me miró y dijo: "Puedo levantar mi pierna por encima de la cabeza". Yo enseguida le imaginé intentando tal hazaña y pensé: "Si levantases tu pierna por encima de la cabeza, te caerías hacia atrás". Él siguió insistiendo en que podía hacerlo y dijo: "¡Mírame!". Entonces se tumbó de espaldas y levantó su pierna por encima de la cabeza, y los dos comenzamos a reírnos. Era bastante impropio de Dave y una tontería, pero a pesar de eso nos causó mucha gracia a los dos.

He descubierto que la vida en sí misma puede ser más divertida que una película supuestamente cómica. Por desesperación de reír, he visto a comediantes y películas divertidas, sólo para descubrir que no siempre son divertidas y termino defraudada por haber malgastado mi tiempo.

Sin embargo, si vemos la vida de forma más ligera puede ser muy divertida. ¡Necesitamos relajarnos y alegrarnos! Mis hijas con frecuencia me llaman para compartir cosas divertidas que los niños hicieron o cosas que están observando de las personalidades de los niños a medida que crecen. Estoy contenta de que se tomen el tiempo para compartir esas cosas conmigo. Nos reímos, y después yo se lo cuento a Dave y él también se ríe. Podríamos habernos perdido las risas si ellas hubieran

¡Necesitamos relajarnos y alegrarnos!

estado demasiado ocupadas para llamar o si sintieran que eso no era importante. Mi nuera con frecuencia me envía fotografías del bebé haciendo cosas bonitas y divertidas. Puede llevar puesto un sombrero divertido, o tener una expresión graciosa en su carita, pero esas fotografías son para mí un receso para reír.

Estoy segura de que te suceden varias cosas divertidas cada día si aprendes a buscarlas y comprendes lo importante que es detenerse para reír.

Detengámonos para reír:

Siempre en mente la congregación, el predicador bautista y su esposa decidieron conseguir un nuevo perro, y sabían que ese perro también tenía que ser bautista. Visitaron residencias caninas, una tras otra, y explicaron cuáles eran sus necesidades. Finalmente, encontraron una cuyo dueño les aseguró que tenía justamente el perro que ellos necesitaban. El dueño llevó al perro para que conociese al pastor y a su esposa.

"Agarra la Biblia", ordenó. El perro se saltó hasta la repisa, observó los libros, localizó la Biblia, y se la llevó al dueño.

"Ahora busca el Salmo 23", ordenó. El perro puso la Biblia en el piso, y mostrando una maravillosa destreza con sus patas, pasó las hojas, encontró el pasaje correcto, y lo señaló con su pata.

El pastor y su esposa quedaron muy impresionados y compraron el perro. Aquella noche, un grupo de miembros de la iglesia les visitó en su casa. El pastor y su esposa comenzaron a presumir del perro, haciéndole localizar varios versículos en la Biblia. Los visitantes quedaron muy impresionados.

Uno de los hombres preguntó: "¿Sabe hacer también cosas normales de perro?".

El pastor respondió: "Aún no lo he intentado". Señaló con su dedo al perro. "¡SAL!", ordenó el pastor. El perro inmediatamente saltó sobre una silla, puso una de sus patas sobre la frente del pastor y comenzó a aullar.

El pastor miró a su esposa sorprendido y dijo: "Señor, ¡es pentecostal!".

*   *   *

Había un aeroplano volando con cuatro pasajeros. El piloto regresó y dijo que iban a estrellarse, pero que sólo tenía tres paracaídas. Les dijo que decidiesen entre ellos quién se los pondría. Uno era un Boy Scout, otro era el hombre más listo del mundo, otro era un anciano, y el último era un predicador. Así que el predicador les dijo: "Tomen ustedes los paracaídas porque yo sé dónde iré cuando muera y estoy listo para ir". El intelectual dijo: "Bien, yo tengo que ponerme un paracaídas porque soy el hombre más listo del mundo". El anciano les dijo al predicador y al Boy Scout que tomasen los dos paracaídas que quedaban porque él ya había vivido la vida y estaba listo para irse. El Boy Scout dijo: "No habrá problema, porque el hombre más listo del mundo acaba de saltar del avión con mi mochila en su espalda".

*   *   *

El esposo acababa de terminar de leer el libro *El hombre de la casa*. Se apresuró a la cocina y caminó directamente hacia su esposa. Señalándole con el dedo en la cara, dijo: "Desde ahora en adelante, quiero que sepas que yo soy el hombre de esta casa, ¡y mi palabra es ley! Quiero que me prepares una cena de gourmet esta noche, y cuando haya terminado de cenar, espero a continuación un delicioso postre. Después, me prepararás mi baño para que pueda relajarme. Y cuando termine mi baño, ¿sabes quién va a vestirme y a cepillarme el cabello?".

Su esposa respondió: "¡EL DIRECTOR DE LA FUNERARIA!".

*   *   *

Estoy desesperada por reírme. Malgasté gran parte de mi vida estando enojada y triste, y tengo mucho que hacer para ponerme al día. Estoy comprometida a tomar cada oportunidad que pueda encontrar para reír; cuando no pueda encontrar una, voy a intentar crearla. Creo que Jesús era divertido; puedo imaginármelo metiéndose con sus discípulos y gastándoles bromas. Quizá tú no veas a Jesús de esa forma, pero no puedes demostrar que Él no era así; por tanto, no intentes aguar mi fiesta. Sé que Él era serio y sereno, pero siempre estaba en perfecto equilibrio, así que también tenía que tener humor.

Si miramos a los doce hombres que Jesús escogió como discípulos, está claro que Él tenía que tener sentido del humor. Ellos eran emocionales y competitivos; frecuentemente dudaban y estaban llenos de razonamiento que a veces era humorístico en sí mismo. Pedro le dijo a Jesús algunas cosas bastante ridículas durante sus viajes juntos, pero Jesús le escogió, y al resto de sus discípulos. No cometió un error; ellos fueron escogidos a propósito. Sin duda, Jesús quería que viéramos, por las elecciones que Él hacía, que nos toma tal como somos y no se molesta en absoluto por nuestras faltas. Ellos sí tenían muchas faltas; *sin embargo*, cuando Jesús llamó ellos siguieron.

Estoy segura de que los tres años que ellos se formaron con Jesús fueron intensos, pero estuvieron equilibrados con humor y descanso.

Intenta mantenerte al paso de los niños

Los estudios demuestran que los adultos se ríen aproximadamente veinticinco veces por día. Realmente, yo creo que veinticinco parece mucho para la mayoría de los adultos que conozco y que me rodean. Son las 3:00 de la tarde donde yo estoy en este momento, y creo que puede que me haya reído cinco veces hoy hasta ahora; pero prometo intentar llegar a mi cuota antes de que llegue la hora de dormir.

Jesús nos dijo que nos hiciéramos como niños. Ellos pueden divertirse en casi cada tipo de situación, y siempre se detienen y se ríen. Según las estadísticas, ¡ellos se ríen un promedio de cuatrocientas veces por día! Yo acabo de pasar cinco días con mi nieto de un año de edad, Travis, y me reí más en esos cinco días de lo que normalmente me río en dos meses. Él ha aprendido a reírse en voz alta, y lo hace sin motivo alguno. Él de repente se ríe en voz alta, y entonces, cuando nos reímos de sus risas, él se ríe una y otra vez, y lo hace mientras sigamos con el juego. Descubrió cómo abrir la funda de mis lentes y comenzar a meter en ella su cuchara de bebé. Cada vez que la abría, nos reíamos. Cuando aplaudimos su progreso, él mismo aplaude y se vuelve a reír. Puedo asegurarte que él no está preocupado, ansioso, o pensando en todos los errores que comete en su vida. No es sorprendente que Jesús nos dijera que nos hiciéramos como niños si queríamos entrar en su reino y disfrutarlo.

> Jesús nos dijo que nos hiciéramos como niños.

Detente para descansar

El descanso es muy importante, y la mayoría de nosotros necesitamos hacerlo con mucha más frecuencia de lo que descansamos. ¿Qué le sucedió al receso? Cuando éramos niños en la escuela, teníamos receso en la mañana, para el almuerzo, y receso en la tarde. Todos ellos eran para comer y/o jugar, y estaban dentro de un periodo de seis o siete horas de tiempo. De repente, cuando comenzó la secundaria, ¡los recesos desaparecieron! ¿Dejamos de necesitarlos porque nos hicimos adolescentes? Cuanto más envejecemos, parece que menos recesos tenemos. Pero quizá debería ser al contrario. Yo he trabajado realmente duro desde que tenía trece años de edad, y cada día estoy más contenta de los recesos. El receso es sencillamente un descanso en las ocupaciones normales que nos permite tiempo para descansar y relajarnos.

Voy a tomar un breve receso, ¡y regresaré después!

Diez minutos después: ¡estoy de regreso y me siento mucho mejor!

Antes de tomar mi descanso de diez minutos, tenía que ir al baño, tenía sed, hambre, y estaba rígida. Resolví todos esos problemas en diez minutos, y ahora me siento renovada. Cuando comiences a sentirte agotada, cuando te oigas a ti misma suspirar frecuentemente, cuando tus músculos estén tensos, y cuando tu creatividad haya quedado reducida a cero, ¡es momento de detenerte! Normalmente sentimos que debemos proseguir porque hay que terminar el trabajo, pero lo cierto es que un breve descanso nos hace estar mejor en todos los aspectos. También nos capacita para disfrutar de lo que estamos haciendo en lugar de resentirnos. Debemos aprender a controlar nuestra carga de trabajo y nunca dejar que ella nos controle.

Toma un descanso cuando lo necesites, porque te lo mereces. ¡Date el permiso para descansar! Eres un ser humano, no un hacedor humano. ¡Te prometo que está bien descansar!

Todas tenemos límites, y es una necedad no admitirlos. Algunos días mi tanque no está tan lleno como otros días, y he dejado de intentar descubrir por qué. Sencillamente me detengo antes de quedarme totalmente vacía y absorber tierra en mi carburador. Mi papá era mecánico de autos, y siempre decía: "Nunca dejes que tu tanque se vacíe porque absorberás tierra en el carburador". Si él se daba cuenta de que mi tanque estaba cercano a vaciarse se molestaba, así que yo mantenía mi tanque al menos lleno hasta la mitad. Me gustaría haber seguido ese consejo con mi energía vital. Si lo hubiera hecho, podría haber evitado algunas enfermedades, me habría reído mucho más, y estoy segura de que hubiera logrado lo mismo, pero lo habría disfrutado más.

La mayoría de errores que cometemos en la vida no podemos revertirlos y deshacerlos, pero podemos aprender de ellos y evitar que alguna otra persona cometa los mismos errores que nosotras cometimos. Por tanto, mi consejo para ti por la experiencia es este: añade más recesos a tu vida.

Toma más vacaciones

Si digo: "Toma más vacaciones", podrías pensar que lo harías si tuvieras más tiempo libre o más dinero. Pero lo cierto es que podemos tomar vacaciones sin dinero y podemos tomar el tiempo que tenemos y utilizarlo más sabiamente.

Intenta tomar libres medios días, pero no los utilices para hacer recados, a menos, desde luego, que sean recados divertidos. Si puedes tomar vacaciones en incrementos de una hora, intenta tomar dos horas libres y salir a comer con una buena amiga o un familiar. Cuando tomes tiempo libre, refiérete a él como vacaciones y no como tiempo libre. La palabra "vacaciones" tiene un bonito matiz y un buen efecto emocional.

Creo que realmente somos renuentes a decir que estamos de vacaciones con demasiada frecuencia porque no queremos que la gente crea que no trabajamos lo bastante. Cuando alguien descubre que me estoy tomando un tiempo libre, dice: "Ah, te vas de vacaciones", y con frecuencia siento que necesito justificarlo diciendo: "Sí, pero también voy a hacer algo de trabajo". Creo que ya justifiqué mi existencia en la tierra trabajando por tanto tiempo, que aún necesito leer mis propios libros y tomar mis propios consejos cuando se trata del tema de las vacaciones.

Recientemente pasé tiempo con un amigo que es abogado, y cuando compartí con él las cosas de este libro me dijo que él se había tomado tres días de vacaciones y que también sentía la necesidad de justificar el tiempo libre. Un compañero de trabajo le llamó y le preguntó qué hacía mientras no trabajaba; él respondió que iba a jugar al golf, pero también estaría haciendo algunos negocios por teléfono y correo electrónico. Deberíamos ser capaces de tomar tiempo libre sin trabajar y no sentirnos culpables. No siempre tenemos que estar trabajando de alguna manera para justificar nuestra existencia en la tierra.

Siempre que sea posible, es una buena idea tomar una o

dos vacaciones al año consistentes en una semana o más, porque normalmente son necesarios un par de días para realmente reducir la marcha y desconectar lo bastante para llegar al nivel de verdadero descanso. Mientras tanto, toma las vacaciones del día, medio día, dos horas, y diez minutos que son importantes para hacer la vida más equilibrada. Usa las vacaciones para descansar y hacer cosas que te renueven, y asegúrate de estar con personas que te hagan reír. La segunda parte de este libro está dedicada a darle unas vacaciones a tu alma, ¡así que prepárate para más celebración!

> Toma las vacaciones del día, medio día, dos horas, y diez minutos que son importantes para hacer la vida más equilibrada.

11

Dale unas vacaciones a tu alma

El tema de las vacaciones es importante, pero nuestro cuerpo físico no es la única parte de nosotras que necesita unas vacaciones. Nuestra alma también necesita unas vacaciones. ¿Has dado alguna vez unas vacaciones a tu alma?

Tu alma está compuesta por tu mente, tu voluntad y tus emociones, y es una parte muy importante de todo tu ser. Tú eres un ser espiritual y vives en un cuerpo físico; pero si no entiendes a tu alma y las necesidades que tiene, no serás un individuo completo y sano.

Puedes tomar unas vacaciones, pensando que necesitas descanso físico, pero si no dejas que tu alma descanse al mismo tiempo, regresarás a tu casa tan agotada como lo estabas cuando te fuiste. Podemos tumbarnos en la playa

> Podemos tumbarnos en la playa y preocuparnos,
> pero eso no es lo mismo que vacaciones.

y preocuparnos, pero eso no es lo mismo que vacaciones. Podemos tomar un día libre y pasarlo emocionalmente molestas intentando manejar problemas personales, el tráfico, los elevados precios, y personas groseras, y hubiera sido mejor que nos quedásemos trabajando.

Es vitalmente importante que aprendamos cómo dejar descansar a nuestra alma. Jesús dijo que si estamos sobrecargadas, cansadas y agotadas, deberíamos acudir a Él y aprender cómo Él manejaba la vida. Él dijo que nos daría descanso para nuestra alma. En la versión Ampliada de la Biblia (en inglés) dice que el tipo de descanso del que Él habla es recreación, renovación y una bendita tranquilidad para nuestra alma. Medité en esa frase y comprendí que Jesús nos estaba ofreciendo unas vacaciones para nuestra alma (nuestra vida interior). Él nos ofrece descanso para nuestra mente, voluntad y emociones si acudimos a Él y aprendemos cómo maneja Él la vida.

Vengan a mí todos ustedes que están cansados y agobiados, y yo les daré descanso. Carguen con mi yugo y aprendan de mí, pues yo soy apacible y humilde de corazón, y encontrarán descanso para su alma. Porque mi yugo es suave y mi carga es liviana.

Mateo 11:28–30

La cura para el estrés

La respuesta de Dios al agotamiento se encuentra en su Palabra. Él nos invita a estudiar cómo vivió Él y aprender de su ejemplo la mejor manera de manejar las situaciones en la vida. Todas las personas se agotan a veces. Watchman Nee, un maravilloso ministro chino, dijo: "El mundo es ciertamente un lugar agotador". Cuando estamos agotadas, estamos exhaustas en fortaleza, aguante, vigor o frescura, y no tenemos paciencia ni tolerancia. Nuestro placer en la vida se ha agotado, y necesitamos ayuda. Necesitamos ser renovadas no sólo físicamente, sino también mentalmente y emocionalmente. Estar agotada no es algo de qué avergonzarse; es simplemente una señal de que necesitamos algo de ayuda o un descanso.

> Estar agotada no es algo de qué avergonzarse; es simplemente una señal de que necesitamos algo de ayuda o un descanso.

El principio que he compartido hasta aquí de tomar tiempo para recompensarte a ti misma regularmente te ayudará a evitar gran parte de agotamiento. Esos pequeños placeres de la vida, como una galleta, un par de zapatos, una siesta, un paseo por el parque, un almuerzo con una amiga, una manicura, un baño de burbujas, o un partido de golf realmente nos ayudan más mentalmente y emocionalmente que físicamente. Cuando nuestra alma está descansada, entonces nuestra fortaleza física también aumenta. No dejes de tomar tiempo para hacer esas pequeñas cosas por ti misma, porque te ayudarán inmensamente. Pero lo primero que tenemos que hacer cuando nos sentimos cansadas es simplemente "acudir a Jesús". Estar en su presencia nos da descanso y también nos proporciona ideas creativas sobre formas prácticas de poder ser restauradas. Moisés se había cansado cuando intentaba conducir a los israelitas desde Egipto hasta la Tierra Prometida, y la palabra de Dios para él fue que dejase que otros le ayudaran (véase Éxodo 18:18). A veces sencillamente necesitamos admitir que necesitamos ayuda y que no podemos hacerlo todo por nosotras mismas. Tener necesidad no es algo en lo que yo fuese buena en mi vida, y he tenido que aprender que pedir ayuda no es una señal de debilidad sino más bien de sabiduría.

> Moisés se había cansado cuando intentaba conducir a los israelitas desde Egipto hasta la Tierra Prometida, y la palabra de Dios para él fue que dejase que otros le ayudaran.

Moisés se estaba agotando porque intentaba hacer todo lo que el pueblo quería que él hiciera y, para ser sincera, simplemente no podemos mantener felices a todas las personas todo el tiempo sin agotarnos nosotras mismas.

Dios seguramente sabía que todos necesitaríamos ayuda, porque Él nos envió su Espíritu Santo, a quien se denomina "el

Ayudador". Dilo con tus palabras: "¡NECESITO AYUDA!".
Pedir es la primera regla para recibir, así que no seas demasiado orgullosa y pide ayuda.

Isaías dijo que todas las personas se agotan a veces. Sin importar cuál sea nuestra edad o lo fuertes que seamos por naturaleza, todos tenemos límites, y eso está bien. Está bien si no puedes hacerlo todo; de hecho, tú no puedes hacerlo todo. La instrucción de Isaías fue esperar en el Señor y ser refrescado y renovado (véase Isaías 40:28–31). Daniel dijo que Satanás realmente busca agotar a los santos de Dios. Necesitamos recordar eso: el diablo quiere cansarnos, agotarnos y dejarnos exhaustos; nos empujará hasta que no nos queden fuerzas si no tenemos cuidado, porque él sabe que si estamos agotados pensaremos, diremos y haremos cosas necias; no disfrutaremos de la vida y nuestro testimonio ante los demás no será bueno.

Todos los grandes hombres y mujeres de Dios hablaron sobre estar cansado y cómo recuperarse cuando se está. Podemos aprender una gran lección del profeta Elías.

Toma un descanso y come una galleta

Elías fue probablemente el profeta más grande en la Biblia. Dios lo utilizó para hacer cosas increíbles y, sin embargo, vemos el lado humano de Elías. Elías (con la ayuda de Dios) puso en ridículo y mató a 450 profetas del impío ídolo Baal. No tenían ametralladoras ni bombas en tiempos de Elías, así que supongo que los mató con una espada. Sólo imagina lo cansada que estaría una persona si tuviera un día como el de Elías; él no sólo mató a 450 personas, sino que también construyó un altar, cavó una zanja, cortó un toro en pedazos para el sacrificio, llenó cuatro jarras grandes de agua del pozo o del arroyo, y repitió este proceso varias veces (véase 1 Reyes 18:21–40). Después subió al monte Carmelo para orar por lluvia mientras su sirviente miraba buscando nubes de lluvia como respuesta a la oración de Elías para poner fin a tres años de sequía. Cuando su sirviente dijo que veía una nube diminuta del tamaño de la mano de un hombre, Elías le dijo al rey Acab (esposo de Jezabel) que se subiese a su carro y huyese porque estaba a punto de llover. Entonces, después del día agotador que Elías ya había tenido, la Biblia dice: "ajustándose el manto con el cinturón, echó a correr y llegó a Jezrel antes que Acab [casi 32 kilómetros]" (1 Reyes 18:46). Sin duda, él estaba exhausto mucho más de lo que puedo imaginar cuando este proceso terminó.

Al día siguiente oyó noticia de que Jezabel había hecho voto de matarlo el mismo día en que él había matado a sus profetas. La reacción de Elías fue la de un hombre exhausto y cargado. Corrió al desierto para esconderse, y se aisló de sus sirvientes y amigos porque estaba desalentado y deprimido. Se sentó solo en el desierto y le pidió a Dios que le quitase la vida (véase 1 Reyes 19:1–4). El agotamiento puede cambiar nuestra personalidad y hacer que hagamos cosas y nos comportemos de formas que no serían normales para nosotros. Elías normalmente no tenía temor a nada; era muy valiente, lo bastante valiente para confrontar y matar a 450 profetas de Jezabel, pero ahora le vemos un día después comportándose de manera bastante distinta. No sé de ti, pero yo puedo identificarme con tener días como el que tuvo Elías. He estado tan cansada que el agotamiento alteró mi personalidad; he estado llena de autocompasión, pensamientos negativos, y he querido aislarme y que todo el mundo me deje en paz.

Elías obviamente necesitaba ayuda, así que Dios envió un ángel para ayudarle, quien le dijo que se levantase y comiese. El ángel le proporcionó una torta y una botella de agua y le dijo que comiese, bebiese, se tumbase y se durmiese (véase 1 Reyes 19:5–6). El ángel repitió el proceso de nuevo, y después de eso Elías tuvo fuerzas para seguir cuarenta días. ¡Guau! La respuesta de Dios al agotamiento, el cansancio y la desesperación del gran profeta fue: *"Toma un descanso y come una torta"*. Era equivalente a *"come una galleta y compra los zapatos"*. Yo creo que esto es increíble y emocionante porque nos deja saber que la respuesta a algunos de los momentos más difíciles en la vida es descansar un poco, comer algo que nos guste, hacer algo que disfrutemos, dormir una siesta, y seguir repitiendo el proceso hasta que sigamos que podemos continuar.

El multimillonario negocio del estrés podría irse a la bancarrota si todos tomásemos el consejo de Dios sobre cómo curar el estrés. Quizá las personas no necesiten tantas visitas al médico, recetas, consejeros y centros de tratamiento. Quizá sólo necesiten unas vacaciones para sus almas.

Entiendo que las personas tienen graves problemas y sufren pérdidas devastadoras en sus vidas. También sé que las cosas sencillas de las que estoy hablando no son la respuesta definitiva para cada situación, pero son la cura para gran parte del estrés que las personas experimentan en la actualidad. Todo el mundo se cansa a menos que sepan cómo evitarlo, o cómo recuperarse.

El descanso de Dios

En Mateo 11:28–29, Jesús habla de descanso dos veces. Una es el descanso de la salvación y la otra es el descanso que necesitamos para la vida diaria. La invitación a acudir a Él y hallar descanso (v. 28) es en referencia a recibir salvación por la fe en Jesucristo. Cuando hacemos eso, encontramos un tipo de descanso inmediato que no hemos experimentado anteriormente. Tenemos el descanso de saber que nuestros pecados son perdonados y que somos queridas y aceptadas por Dios. También tenemos el descanso de ya no tener temor a la muerte, porque sabemos que, cuando muramos, sencillamente pasaremos de esta esfera terrenal a la esfera celestial donde viviremos eternamente en la presencia de Dios.

Este primer descanso es maravilloso, pero también necesitamos un segundo descanso y Jesús nos dice cómo tenerlo: "Carguen con mi yugo y aprendan de mí…y encontrarán descanso para su alma" (v. 29). Un yugo es un instrumento que se utiliza para emparejar dos cosas, como los dos bueyes que se utilizaban para tirar de un arado en la agricultura. Se utiliza de forma metafórica en la Biblia como referencia a la sumisión a la autoridad. También se refiere a equilibrar una carga. Si permanecemos en yugo (muy cerca) de Jesús y nos sometemos a su autoridad, Él nos ayudará a equilibrar nuestra carga en la vida y aprenderemos cómo responde Él a cada situación.

Para vivir una vida cristiana equilibrada en la cual la carga no sea demasiado pesada para nosotras, debemos estar dispuestas a tomar el yugo de Jesús en las cosas pequeñas de cada día al igual que en las cosas grandes de la vida. A algunos obreros les resulta difícil trabajar con sus compañeros de trabajo; a algunos esposos o esposas les resulta difícil soportar a su familia política; a algunos empleados les resulta difícil tratar a su jefe; los estudiantes se cansan de su relación con maestros y otros alumnos. Todas esas son cosas que debemos soportar en la vida y, desde luego, nos cansamos de ellas. Desearíamos poder alejarnos de ellas, o encontrar la manera de que ellas se alejen de nosotras. Puede que nos sintamos abatidas, desalentadas, deprimidas y que no tengamos paz, pero debemos aprender que Jesús quiere que estemos en yugo con Él y entendamos que esas cosas son cosas que debemos aprender a soportar con una buena actitud porque son la porción que Dios ha designado para nosotras.

Dios pone juntas a personas diferentes, y quiere que aprendamos a amarnos unos a otros y a llevarnos pacíficamente.

Dios puede que ponga a una persona que es cuidadosa y ordenada con una persona descuidada y desordenada; puede que ponga a una persona fuerte con una débil, a una sana con una enferma, o a una persona inteligente con otra que no sea tan inteligente. Él pone juntas a personas de mal carácter e impacientes con personas dulces y pacientes. Una de ellas se une en yugo a la otra y Dios los utiliza para equilibrarse el uno al otro. Esto nos da la oportunidad de aprender la naturaleza de Cristo, y si batallamos contra ello, no tendremos descanso. Pero si le decimos a Dios: "Estoy dispuesta a ocupar mi lugar; estoy dispuesta a obedecer; estoy dispuesta a florecer donde estoy plantada", entonces encontraremos descanso y gozo.

Yo necesité muchos años para aprender que era inútil intentar cambiar algo que Dios me había asignado como yugo para soportar en la vida. Tuve que someterme a su voluntad y permitirle que me enseñase a ser pacífica en la situación. En su libro *La vida cristiana equilibrada*, Watchman Nee dijo: "La vida más elevada que podemos vivir es dar la bienvenida a todo lo que por naturaleza pueda disgustarnos. Permita que le diga que será lleno del descanso más profundo en su interior si acepta con alegría el yugo que Dios le dé".[2]

El descanso de Dios ha estado disponible desde el séptimo día de la creación, cuando Dios mismo descansó. En la actualidad hay muchas cosas disponibles de las que la gente no disfruta porque, o bien no las conocen, o porque no las creen y obedecen.

El descanso de Dios ha estado disponible desde el séptimo día de la creación, cuando Dios mismo descansó.

Descanso espiritual

Aunque necesitamos descanso físico, el tipo de descanso de que se habla en Mateo 11 es descanso espiritual. Es un descanso del espíritu y el alma (mente, voluntad, emociones). Es un descanso en el trabajo, no del trabajo. Cuando descansamos físicamente, necesitamos dejar de trabajar; pero este tipo de descanso es diferente. Cuando Jesús llegó a casa de Marta y María, no reprendió a Marta por trabajar, sino por afanarse; le dijo que ella estaba ansiosa y cargada por muchas cosas, pero que justamente en aquel momento, sólo una cosa era necesaria, y era que ella disfrutase de su visita. Ella estaba preocupada acerca de cómo se veían las cosas, y molesta porque María no le ayudaba (véase Lucas 10:38–41). ¡Marta necesitaba concederse permiso a sí misma para relajarse y alegrarse! Todas las cosas por las cuales se preocupaba no eran cosas de las que valía la pena preocuparse. Que la casa estuviese perfecta no era tan importante, y lo que María estaba haciendo no interesaba a Marta. Ella necesitaba relajarse y disfrutar del milagro del momento. Jesús había llegado a su casa, y aunque ella probablemente necesitase hacer algunos preparativos, no tenía por qué perder su paz.

Descanso no es inactividad, sino el armonioso trabajo conjunto de todas las facultades y el afecto: de voluntad, corazón, imaginación y conciencia. Por ejemplo, si una persona escoge hacer algo con lo que su conciencia no está de acuerdo, no disfrutará del descanso de Dios. Alguien me pidió que hiciese algo como favor personal pero yo no tenía paz al hacerlo. Si agrado a mi amiga haciendo lo que ella quiere que haga, entonces no tendré descanso porque en mi corazón realmente no siento que sea correcto que yo lo haga. Mis actos, mi corazón, mi mente y mi conciencia necesitan trabajar juntos en armonía. Marta necesitaba aprender a descansar mientras trabajaba. Marta trabajaba, pero en su imaginación y sus pensamientos estaba enojada con María porque ella no estaba trabajando, y eso evitó que Marta tuviese descanso interiormente mientras trabajaba exteriormente.

Si las emociones, el corazón, la voluntad o la mente están en contra de lo que se hace, no habrá descanso. Marta estaba trabajando, pero estaba resentida y por eso no podía descansar. Cuando tenemos un trabajo que hacer, deberíamos hacerlo de buena gana, y no con resentimiento. Es vital para nosotras utilizar nuestro libre albedrío y escoger la voluntad de Dios cuando hay que hacer una cosa. Decimos en nuestro corazón: "Haré esto como un servicio a Dios, y lo haré con una buena actitud".

Eso es exactamente lo que Jesús hizo en el huerto de Getsemaní. Él sabía que había que hacer una tarea, y Dios quería que Él la hiciera. Oró al respecto, y aunque Él era consciente de que iba a incluir un sufrimiento inimaginable, puso su voluntad de acuerdo con la voluntad de su Padre. Él soportó el dolor y el sufrimiento por el gozo del premio que tenía delante. Cuando Él tomó su decisión, Dios envió ángeles que le ministrasen. Si nuestra actitud es adecuada, recibiremos ayuda divina capacitándonos para hacer lo que tenemos que hacer.

Cambia tu enfoque de la vida

La vida no siempre cambiará, así que nosotras debemos estar dispuestas a cambiar. Pregúntate cómo enfocas cada día y cada situación. ¿Tienes idea de lo que quieres que tenga lugar? ¿Has decidido ya que no puedes tener descanso o gozo si no consigues lo que quieres? Oigo a personas decir cosas como: "Si llueve mañana, no voy a ser feliz", o "Cuando llegue a casa hoy del trabajo, voy a estar molesta si mis hijos no limpiaron la casa del modo en que les dije que lo hicieran". Cuando pensamos así, nos estamos preparando para estar molestas y perder nuestro descanso hasta antes de tener un problema. Hemos decidido que no podemos descansar si las cosas no salen como queremos. En cambio, deberíamos decir: "Espero que haga buen tiempo mañana, pero mi gozo está en mi interior y puedo ser feliz y tener descanso en mi

La vida no siempre cambiará, así que nosotras debemos estar dispuestas a cambiar.

alma sin importar qué tipo de tiempo tengamos". Deberíamos pensar: "Espero que los niños hicieran lo que les dije para no tener que corregirlos, pero puedo manejar cualquier situación y seguir teniendo paz en mi alma".

¿Enfocas la vida con una actitud negativa y de queja, o con una actitud positiva y agradecida? ¿Tomas tiempo en la vida para recompensarte a ti misma por tu progreso, o te castigas por tus debilidades y errores? ¿Te apresuras todo el tiempo, o tomas el día cosa por cosa, pidiendo la ayuda del Espíritu Santo? ¿Vives en el ahora (en el momento presente), o vives en el ayer y el mañana en tus pensamientos? El modo en que enfoquemos la vida marca la diferencia en nuestra calidad de vida, así que cuando no podamos arreglar la vida, recordemos que podemos arreglar nuestra forma de enfocarla. Decide que serás feliz si las cosas salen como tú quieres y que serás feliz si no es así.

> ¿Te apresuras todo el tiempo, o tomas el día cosa por cosa, pidiendo la ayuda del Espíritu Santo?

Todas tenemos incontables ejemplos en nuestra vida de cambiar nuestro enfoque. Dave y yo nos quedamos en hoteles muchas veces y con frecuencia descubrimos que la bañera no tiene tapón para mantenerla llena de agua. Yo prefiero un baño en lugar de una ducha, así que después de estar molesta numerosas veces porque no había tapón, decidí llevar uno conmigo. No necesita apenas espacio y me mantiene tranquila. La mayoría de los hoteles no tienen una buena iluminación. Me imagino a que se debe a que intentan ahorrar dinero, pero el hecho es que la mayoría de los huéspedes no disfrutan de estar en una habitación oscura. Tras quejarme por años, ahora llamo de antemano y pido al hotel varias lámparas adicionales para nuestra habitación. Si las bombillas no tienen suficiente voltaje para dar bastante luz, compro bombillas más potentes. Cuando uno se ha comprometido a vivir en descanso y paz, encontrará maneras de enfocar la vida de modo diferente.

El año pasado íbamos viajando a Tailandia e India y nos detuvimos en Alaska debido a mantenimiento del avión. Yo esperaba dejar St. Louis donde hacía mucho frío y terminar en Tailandia donde hacía calor, así que salí de casa con sandalias en los pies y no me llevé abrigo. Cuando nos bajamos del avión en Alaska había trece grados bajo cero y el viento soplaba con fuerza. Mi nuera me dio un par de brillantes calcetines color rosa para ponérmelos con las sandalias (detente y usa tu imaginación); no es necesario decir que se veían ridículos. Compré una sudadera púrpura en la tienda del hotel, la cual sabía que no volvería a ponerme nunca más y en la que no quería gastarme dinero, pero fue lo único que pude encontrar. Por tanto, con mi cabello despeinado por haber estado durmiendo en el avión, mi ropa de verano, mis calcetines rosas y la sudadera púrpura, caminé por el vestíbulo del hotel bastante segura de que nadie en Alaska, especialmente en mitad de la noche, me reconocería. Pero nuestros pensamientos no siempre son los pensamientos de Dios, y en efecto, el conserje dijo en voz alta: "¿No es usted

Joyce Meyer, de la televisión?". Inmediatamente, algunos empleados más del hotel que veían mi programa llegaron corriendo, y por tanto tuvimos una pequeña "reunión de saludos" en Alaska en mitad de la noche, con cabello despeinado, calcetines rosas y sandalias, y una sudadera púrpura.

Yo no quería estar en Alaska, y no quería caminar con la ridícula ropa que llevaba puesta, pero sólo tenía dos opciones. Podía estar molesta y perder mi descanso, lo cual no cambiaría nada, o podía decidir hacer una aventura de ello. Escogí la aventura y las cosas resultaron bien. Podemos cambiar nuestra calidad de vida cambiando nuestra actitud hacia las cosas grandes y pequeñas que normalmente nos irritan y nos enojan.

Escapar del problema no es la respuesta

David oró que pudiera alejarse volando de los problemas y descansar (véase Salmo 55:5–8), pero huir del problema no es la respuesta. Debemos enfrentarnos al enemigo y derrotarlo en el poder de Dios al igual que David derrotó a Goliat. Dios nos ha dado poder de "atravesar". Él no nos ha dado un espíritu de temor, sino de una mente calmada, bien equilibrada y disciplinada (véase 2 Timoteo 1:7). No es la voluntad de Dios que huyamos o nos escondamos de los desafíos, sino que los confrontemos de cara, sabiendo que podemos pelear una batalla y permanecer calmadas. Después de todo, la batalla no es nuestra, ¡sino de Dios!

Dios nunca bendice a las personas que huyen. Dondequiera que se oculten, Él las encuentra y las lleva de regreso a aquello de lo que huyeron a fin de que puedan afrontarlo y experimentar la verdadera libertad. Dios nos da poder y sabiduría para tratar situaciones, no para que tratemos de escapar de ellas. Evitar no es una característica del carácter cristiano.

Elías intentó huir y ocultarse, pero Dios le hizo regresar al lugar de donde huyó y continuar con la tarea que había sido llamado a hacer. Después de que Dios le diera una torta y un descanso, le confrontó sobre su actitud. Le preguntó por qué se estaba ocultando y qué creía que estaba haciendo. Elías respondió con una actitud de amargura y de pensamiento distorsionado; dijo que sólo quedaba él para servir a Dios y que el pueblo buscaba matarlo. Le dijo a Dios que todos los israelitas habían abandonado su pacto, habían destruido sus altares y habían matado a sus profetas, y una vez más Elías sonó a estar lleno de autocompasión cuando le dijo a Dios que solamente él había permanecido fiel (véase 1 Reyes 19:9–14). Dios le dijo a Elías que Él tenía siete mil profetas que no habían inclinado su rodilla ante Baal, y también le dijo que regresara al trabajo. Cuando no permanecemos descansados nuestro pensamiento se distorsiona y perdemos la perspectiva adecuada. Nosotros queremos huir

> Cuando no permanecemos descansados nuestro pensamiento se distorsiona y perdemos la perspectiva adecuada.

de la responsabilidad, pero como podemos ver con Elías, Dios no nos permitirá hacer eso porque escapar nunca es la respuesta a los desafíos de la vida.

La oración precede al descanso

Nuestra primera línea de defensa contra el desaliento o el desengaño es la oración. Ora al comienzo de cada día, en cada proyecto, en cada prueba y decepción. No ores meramente para que la situación se vaya, sino ora en cambio para ser capaz de manejar el problema, mantener el carácter de Dios, y mostrar el fruto del Espíritu Santo. La oración invita a que el poder de Dios entre en nuestras situaciones. Puede que recuerdes que anteriormente en este libro hablamos sobre la importancia de tener revelación con respecto al poder de Dios que está a disposición de quienes creemos. Este poder puede ser liberado mediante la oración de fe.

Se nos dice no nos afanemos por nada, sino que en todo debemos orar y dar gracias (véase Filipenses 4:6). Es una necedad y una pérdida de energía y tiempo intentar hacer nada antes de orar. Ora en todo momento, en todo tiempo, con todo tipo de oración (véase Efesios 6:18). Perdemos más de lo que podemos imaginar debido a que no oramos con frecuencia.

No tendremos descanso hasta que aprendamos a permanecer calmadas en toda situación (véase Salmo 94:12–13). Lo más necio del mundo es intentar hacer algo con respecto a algo sobre lo cual nada puedes hacer. Cuando estés cansada y abrumada, acude a Jesús y encuentra descanso. Toma su yugo, aprende cómo maneja Él la vida y encontrarás descanso, alivio, refrigerio, recreación, y una bendita quietud para tu alma. ¡Eso me suena a vacaciones! ¿Necesitas unas vacaciones para tu alma? Si es así, se te ofrecen unas mediante aprender a descansar tu mente, tu voluntad y tus emociones, al igual que tu cuerpo físico.

CAPÍTULO
12

Prioridades

Cuando nuestras prioridades están desordenadas, siempre crea estrés. Necesitamos orden en nuestros hogares, calendarios, armarios, garajes, finanzas, y todo lo demás en la vida. ¡Dios no es el Dios de la confusión! Él dirige un universo ordenado. ¡No hay caos en el cielo! Dios nos dice que vivamos en la paz que Él nos dejó, así que debe de haber una forma de hacerlo. Tenemos muchas prioridades en la vida que necesitan atención, pero en este libro quiero hablar de *prioridades espirituales*.

Siéntate, ponte en pie, camina y corre

Encontramos todas estas palabras en la Escritura. Se nos dice que estamos sentados en Cristo, y eso se refiere a que entramos en el reposo de Dios. Se nos enseña que resistamos al diablo y a todo mal. Hemos de andar en Dios, andar en amor, andar en rectitud, y andar por fe. También se nos dice que corramos nuestra carrera, que corramos para ganar, y que corramos y no desfallezcamos.

Se nos dice que nos sentemos, nos pongamos en pie, caminemos y corramos, pero muchos cristianos intentan correr sin haber nunca aprendido y practicado los otros pasos. Estos principios espirituales tienen una prioridad adecuada y deben establecerse en nuestra vida en ese orden. Los bebés no saltan de sus cunas y comienzan a correr por la casa. Trabajan mucho tiempo para aprender a sentarse con almohadas a su alrededor o con la ayuda de un adulto, y después de mucho entrenamiento y práctica, finalmente aprenden a sentarse solos.

> Se nos dice que nos sentemos, nos pongamos en pie, caminemos y corramos, pero muchos cristianos intentan correr sin haber nunca aprendido y practicado los otros pasos.

Algunos cristianos sólo pueden permanecer en reposo (sentados) si tienen a otros cristianos continuamente sujetándolos, orando por ellos, y alentándolos a hacerlo, pero debemos crecer hasta el lugar donde el descanso de Dios sea nuestro estado normal y no algo que debamos intentar obtener. Debemos aprender a sentarnos solos sin necesitar el apoyo constante de otros antes de poder comenzar a andar.

Yo intenté correr antes de aprender a sentarme, y fue desastroso. Sentí que era llamada a enseñar a otras personas la Palabra de Dios, así que enseguida comencé un ministerio. Pero experimenté un estrés increíble; tanto estrés que estaba enferma e infeliz la mayor parte del tiempo. Estaba intentando correr, pero nunca había aprendido a sentarme, a ponerme de pie o a caminar. Ahora, después de más de treinta y tres años en el ministerio, corro con rapidez. Estoy en el carril rápido espiritual, afortunadamente ayudando a millones de personas por medio del ministerio de enseñanza que Dios me ha dado. Sé cómo correr con Dios, pero también ahora sé cómo sentarme, estar de pie y andar en Dios, y puedo hacer todo eso simultáneamente.

Sentados en Cristo

La Biblia siempre describe a Cristo sentado después de su muerte, resurrección y ascensión. Dice que Él ascendió a las alturas y se sentó a la diestra de la Majestad, donde espera que sus enemigos sean hechos estrado de sus pies (véase Hebreos 10:11–13). En otras palabras, Jesús no sólo hizo lo que fue enviado a hacer en reposo, sino que después entró a otra dimensión del reposo de Dios para esperar que Dios hiciera el resto de lo que había que hacer. A mí me gusta decir: "Haz todo lo que puedas y Dios hará el resto".

Debemos aprender a hacer lo que Dios nos asigna y nunca malgastar tiempo intentando hacer lo que solamente Dios puede hacer. Nosotras no podemos ir más allá de aquello para lo que Dios nos ha dado gracia. Yo puedo querer cambiar; puedo estudiar la Palabra de Dios en áreas en las que necesito crecimiento, puedo orar por el cambio, pero solamente Dios puede cambiarme. Yo puedo hacer lo que puedo hacer, pero no puedo hacer lo que solamente Dios puede hacer. Hasta que aprendí la diferencia, vivía con estrés. Yo puedo querer que un ser querido o una amiga viva una vida mejor, esté más cerca de Dios, o abandone hábitos destructivos. Puedo orar por ellos y puedo ofrecer ayuda si ellos la aceptan, pero solamente Dios puede cambiarles. Decir que confiamos en Dios no es difícil de hacer, pero la verdadera fe entra en el reposo de Dios. No entramos en el reposo de Dios cuando estamos tratando de creer, entramos en él cuando hemos creído (véase Hebreos 4:3, 10). Cuando hablamos de reposo, ¡recuerda que es equivalente a estar sentado! ¿Has aprendido cómo sentarte?

Hasta Dios descansó de sus labores de creación y tomó tiempo para disfrutar de lo que había hecho. Él hizo lo que se propuso hacer y después descansó. Jesús hizo aquello para lo cual Dios le envió y después descansó. Nuestro mayor problema con frecuencia es que no sabemos cuándo deberíamos terminar. Cuando obramos en la carne, sin la ayuda de Dios, entonces no tenemos descanso, y lo único que tenemos es frustración y estrés.

Cada día tenemos ciertos propósitos que deseamos lograr, y al final del día es adecuado descansar no sólo físicamente; nuestra alma también necesita un descanso. Necesitamos descansar físicamente, mentalmente, emocionalmente y espiritualmente.

Estamos espiritualmente sentadas con Cristo en los cielos. Nuestros pies puede que están en la tierra, pero espiritualmente estamos con Cristo en los cielos. Los cristianos viven en dos esferas al mismo tiempo. A. W. Tozer lo expresó bien: "Nuestro problema surge del hecho de que aquellos que seguirnos a Cristo habitamos en dos mundos a la vez: el espiritual y el natural. Como hijos de Adán, vivimos nuestra vida en la tierra sujetos a las limitaciones de la carne y a las debilidades y males de los cuales la naturaleza humana es heredera. Meramente vivir entre hombres requiere de nosotros años de duro trabajo y mucho cuidado y atención a las cosas de este mundo. En agudo contraste con esto está nuestra vida en el Espíritu. Ahí disfrutamos de otro tipo de vida más elevado".[1] Ahí podemos disfrutar del reposo de Dios sin importar lo que esté sucediendo en la esfera natural.

Nuestras circunstancias en la tierra no tienen que molestarnos espiritualmente si aprendemos a estar sentadas. Como creyentes en Jesucristo, tenemos una participación con Cristo en la muerte y la resurrección. La Biblia dice: "Sabemos que nuestra vieja naturaleza fue crucificada con él para que nuestro cuerpo pecaminoso perdiera su poder, de modo que ya no siguiéramos siendo esclavos del pecado" (Romanos 6:6).

También se nos dice en la Escritura: "Y en unión con Cristo Jesús, Dios nos resucitó y nos hizo sentar con él en las regiones celestiales" (Efesios 2:6). Debemos aprender a identificarnos con Cristo y a creer que lo que Él tiene ahora, nosotras también lo tenemos mediante nuestra fe en Él. No lo obtendremos en alguna fecha futura, ¡lo tenemos ahora (espiritualmente hablando)! Dios no sólo permitió que Jesús derramase su sangre para la remisión de nuestros pecados, sino que Él también nos ha puesto en Cristo de modo que, cuando el Señor Jesús fue crucificado, Dios crucificó también a nuestro viejo hombre con Él. Que fuimos crucificados con Cristo es un hecho en Dios, pero es imposible que la mente humana explique este hecho. Por eso debemos creer con el corazón, en lugar de intentar razonar las cosas con la mente.

Entendamos que cualquier cosa que Dios ha hecho en el pasado en Cristo es siempre *ahora* para nosotras. Dios es el Dios que es *ahora* para siempre. ¡Él es el gran "Yo soy"! Todos los hechos en Cristo son ahora y nunca pasan, son para siempre. La cruz de Cristo es ahora, la resurrección de Cristo es ahora, la ascensión de Cristo es ahora, la venida del Espíritu Santo es ahora, y la llenura del Espíritu Santo es ahora. Estamos sentadas con Cristo ahora. No debemos tratar lo que Cristo ha hecho como mera Historia, ¡sino dar gracias a Dios porque lo que Él ha hecho es para siempre y es nuestro ahora!

La fe nos permite descansar mentalmente y emocionalmente. Incluso nuestra voluntad obtiene descanso cuando tenemos fe en Dios. No nos preocupamos o razonamos, no estamos tristes o abatidas, y no intentamos hacer que algo suceda que no sea la voluntad de Dios; ¡estamos en descanso! Pablo cantaba en la cárcel, Jesús oraba por otros mientras era crucificado, José decidió que si tenía que ser un esclavo, sería el mejor esclavo que su amo hubiera tenido nunca; decidió que si tenía que ser un prisionero (aunque no había cometido ningún delito), sería un prisionero con una buena actitud.

Necesitamos ser sinceras en cuanto a cuál es la verdadera causa de nuestro estrés. ¿Son

> ¿Has aprendido a sentarte y entrar en el descanso de Dios?

realmente las circunstancias de la vida, o es la forma en que respondemos a las circunstancias? Hay un descanso a nuestra disposición, y debemos esforzarnos por entrar en él. Entrar en el descanso de Dios debería ser nuestra prioridad número uno después de recibir a Jesús como nuestro Salvador. De nuevo te hago la pregunta: ¿Has aprendido a sentarte y entrar en el descanso de Dios?

Aprender a resistir en Cristo

Nunca podemos resistir al enemigo (Satanás) a menos que aprendamos a hacerlo desde nuestra primera posición de estar sentadas en Cristo. ¡El reposo es un lugar de poder!

Muy pronto el Dios de paz aplastará
a Satanás bajo los pies de ustedes.
Romanos 16:20a

Si permanecemos calmadas, Dios nos liberará. Puede que digamos que estamos confiando en Dios, pero no hay evidencia de confianza a menos que permanezcamos sentadas en Cristo.

Los israelitas sufrían un grave estrés debido a su aparentemente imposible situación de estar literalmente entre el mar Rojo y el ejército egipcio. No tenía ningún camino natural de escape; sin embargo, Dios les dijo que mantuvieran su paz, permanecieran en reposo, y Él lucharía por ellos (véase Éxodo 14:9–14).

Resistir es una posición de saber el fin desde el principio. Conocemos la Palabra de Dios y lo que Él ha prometido, y escogemos creerla más de lo que vemos, sentimos o pensamos. Resistimos firmes en nuestra fe sabiendo espiritualmente que somos libradas y esperando ver la manifestación de ello en cualquier momento. ¡Esperamos con expectativa! A veces nos cansaremos, porque normalmente tenemos que esperar más tiempo del que pensábamos, pero Jesús ha dicho que si acudimos a Él en cualquier momento en que sintamos aunque sea un ligero cansancio, Él nos dará descanso. Él dará lo que equivale a unas vacaciones espirituales o unas vacaciones para nuestra alma.

Aprender a caminar

Un paseo está compuesto por muchos pasos, y cada uno de ellos es una elección. Nuestro caminar con Dios se refiere a cómo vivimos nuestra vida cotidiana. Cuando hemos aprendido a sentarnos y resistir, estamos preparadas para comenzar a dar pasos que finalmente nos permitirán caminar. No caminamos con Dios simplemente porque asistamos a la iglesia o leamos nuestra Biblia. Nuestro caminar se trata de elecciones. La Biblia dice que deberíamos andar (ordenar nuestra vida, nuestra conducta y nuestra conversación) en la voluntad revelada de Dios (véase Salmo 119:1). Dice que deberíamos andar (ordenar nuestra vida) según lo que sabemos que es verdadero (véase Filipenses 3:16). Conocer la verdad nos da la responsabilidad de actuar según ella. Recientemente vi desarrollarse una trágica situación cuando un hermano en Cristo se enredó en una aventura amorosa con otra mujer aunque estaba casado y tenía dos hijos. El pecado de la aventura amorosa le abrió a todo tipo de engaño, y su situación fue de mal en peor a medida que él decía muchas mentiras y se metía cada vez más profundamente en problemas. Su familia quedó destrozada y él terminó en la cárcel. Dios utilizó esa situación para mostrarme que cuanto más conocimiento tengamos de Dios y de su voluntad, más responsables somos de obedecerlo. Cuando alguien que conoce de verdad no muestra un temor reverencial de Dios y escoge arrogantemente el pecado, abre una puerta en su vida que permite que el ejército del infierno entre. Conocer no es suficiente; debemos hacer, y ese hacer se llama nuestro caminar con Dios. Podemos estar en reuniones en la iglesia diez veces al mes y aun así no caminar con Dios. Debemos caminar en obediencia.

Se nos dice muchas veces en la Biblia que andemos en amor. Amor es meramente una palabra o una teoría a menos que controle nuestros actos hacia otras personas. El amor puede ser muy místico a menos que entendamos que el fundamento mismo del amor es el interés diario por hacer lo que beneficie a los demás. ¿Qué hará que sus vidas sean mejores y les ayudará?

Hemos de andar por fe. Vivimos y regulamos nuestra vida por nuestra convicción acerca de nuestra relación con Dios (véase 2 Corintios 5:7). Cada acto, emoción, y pensamiento se somete a lo que creemos sobre Dios. Enoc caminó con Dios y tuvo una continua comunión con Él, y la Biblia dice que "un día desapareció porque Dios se lo llevó [al hogar con Él]" (Génesis 5:24). Suena como si Enoc llegase a estar tan cerca de Dios que el mundo ya no pudo mantenerlo, él pasó a la esfera espiritual y simplemente desapareció. La Biblia no dice que Enoc murió y se fue al cielo; dice que caminaba tan cerca de Dios que simplemente ya no estaba. Noé caminó con Dios (véase Génesis 6:9), Abraham, Isaac y Jacob caminaron con Dios (véase Génesis 48:15). Ellos hicieron de su relación con Dios una prioridad; se sentaron en Dios (permanecieron en reposo), hicieron frente a sus enemigos, y caminaron con Dios. También corrieron su carrera y están registrados en la Biblia como hombres de los cuales el mundo no era digno. Ellos hicieron elecciones y formaron hábitos en los que caminaron día tras día y año tras año. Vemos desde el comienzo del tiempo a hombres que caminaron con Dios.

Caminar mucho no es difícil si sabes cuándo sentarte un rato y descansar. A veces tu caminar se ve obstaculizado y necesitas quedarte un poco en un lugar; sin embargo, todo el tiempo estás haciendo progreso. Habacuc dijo que cuando nada va bien en nuestras circunstancias, podemos regocijarnos porque Dios es nuestra Fortaleza, nuestra valentía personal y nuestro ejército invisible; Él nos hace caminar (no quedarnos quietas en terror, sino caminar) y hacer progreso (espiritual) en los lugares de problemas, sufrimiento y responsabilidad (véase Habacuc 3:17–19).

> Caminar mucho no es difícil si sabes cuándo sentarte un rato y descansar.

Se nos enseña que andemos en el temor de Dios, que andemos como Cristo anduvo, que andemos siendo dignos del llamamiento divino, que andemos en el valle de sombra de muerte, y que andemos por el fuego, la inundación y la tormenta. Andar en integridad, andar en rectitud, andar en libertad, andar como hijas de luz, y no andar tras la carne. Podemos ver que andar es un trabajo de jornada completa; por tanto, no es sorprendente que antes debamos aprender a sentarnos y resistir. Yo estoy bastante segura de que si hago el compromiso de andar en todas estas áreas tal como Dios me dice que haga, ¡ocasionalmente necesitaré unas vacaciones para mi alma!

Vayamos a dar una carrera

Mi hija me dice con frecuencia: "Voy a dar una carrera hoy". En los dos últimos años, ella se ha convertido en una corredora, pero comenzó andando deprisa y haciendo carreras ligeras mucho tiempo antes de que su entrenadora le permitiera correr. Ella no sólo decidió correr y comenzó a correr; no funciona de ese modo. Yo intenté ese método muchas veces, y cada vez que lo hacía me dolían los pies o la espalda. Mi quiropráctico finalmente me dijo que yo era demasiado mayor para comenzar a correr. Puede que él tenga razón sobre correr físicamente, pero aún puedo correr espiritualmente. Sin embargo, el mismo principio de preparación que se aplica a la esfera natural se aplica también a la esfera espiritual.

Si has aprendido a sentarte, resistir y andar en Dios, es momento de que empieces a correr en Dios y con Dios. David dijo que él no sólo andaba, sino que corría en los caminos de Dios (véase Salmo 119:32). ¿Estás preparada para correr tu carrera con firmeza y activa persistencia? ¿Estás preparada para ser paciente y perseverar hasta llegar a tu meta?

> Si has aprendido a sentarte, resistir y andar en Dios, es momento de que empieces a correr en Dios y con Dios.

Los corredores en tiempos de Pablo se quitaban un taparrabos para prepararse para la carrera. ¿Estás preparada para quitarte cualquier cosa que esté obstaculizando tu carrera con Dios? Los cuerpos de ellos estaban lubricados (ungidos) para la carrera. Nosotras debemos vivir con Dios de tal modo que Él pueda ungirnos para el servicio en su reino. Los corredores deben ser disciplinados y enfocados si tienen intención de ganar la carrera. Decidir correr es una gran decisión, y tener éxito requiere un gran compromiso.

¿Están tus prioridades espirituales en orden? Si no es así, este es un buen momento para tomar algunas decisiones. Dios tiene una carrera para que tú la corras y su plan es que ganes, pero tendrás que aprender a sentarte, resistir y caminar. Sólo puedes ganar tu carrera si sabes cómo correr con tu alma de vacaciones.

CAPÍTULO
13

Mi todo en todo

La diminuta palabra *todo* se utiliza 5.675 veces en la Biblia, algunas más o menos dependiendo de qué traducción estés leyendo. Es una breve palabra que significa mucho y, sin embargo, le prestamos muy poca atención. Si leemos un versículo que tiene la palabra *todo* en él y pasamos por alto el *todo*, cambia el contexto completo de ese versículo. La palabra *todo* nos lleva a la infinidad. ¿Dónde se detiene todo? ¿Hasta dónde llega y qué incluye?

Jesús es el Señor de Todo. Nuestro Dios todo-poderoso, Salvador todo-suficiente, todas las bendiciones fluyen de Él, y Él es todo lo que necesitamos. Frecuentemente decimos que Dios es nuestro todo, ¿pero nos hemos detenido alguna vez a entender verdaderamente el impacto de esa pequeña palabra? Todo no deja nada fuera del control de Dios. Mientras creamos que algunas cosas están fuera del control de Dios, no podemos tener unas adecuadas vacaciones del alma porque habrá algo de lo que nos preocupemos, algo que intentemos resolver, algo que nos moleste, o algo que intentemos controlar y cambiar. No viviremos la vida como algo que celebrar porque nos mantendrá cansadas todo el tiempo. Probablemente seremos intensas e incapaces de relajarnos.

> Mientras creamos que algunas cosas están fuera del control de Dios, no podemos tener unas adecuadas vacaciones del alma porque habrá algo de lo que nos preocupemos.

Dios sabe todas las cosas

¡Dios sabe todas las cosas (véase Juan 21:17)! No pases por alto el "todas" de esa frase. Él conoce el fin desde el principio, así que debe de conocer todo lo que hay en medio. Él también tiene todo el poder, toda autoridad, todas las cosas están bajo sus pies, y Él lo llena todo en todo lugar con Él mismo (véase Mateo 28:18 y Efesios 1:21–23). Él lo ve todo, lo oye todo, y está en todo lugar al mismo tiempo. Si esas cosas son verdad, ¿entonces por qué seguimos preocupándonos y estando ansiosas? ¿Por qué nos entristecemos emocionalmente cuando tenemos un problema o cuando las cosas no van como nosotras queremos? Debe de ser porque no creemos verdaderamente que Él tiene toda potestad, sabe todas las cosas, y nos ama con todo el amor que existe en el universo.

¿Cuántos de nuestros pecados perdona Él? ¿Perdona

algunos, la mayoría, o todos? La Biblia dice que Él los perdona todos y continuamente nos limpia de toda inmundicia. Es uno de esos todo y para siempre. Cuando Jesús murió en la cruz, se ocupó del pecado una vez para siempre según el libro de Hebreos, y la limpieza sigue continuamente, es sin interrupción y para todo tiempo (véase 1 Juan 1:9; Salmo 103:1–3). Dios no puso nuestros pecados a un lado para poder echarles una mirada ocasionalmente; no están delante de Él permitiendo que los vea continuamente; tampoco los almacenó en una caja en algún lugar para poder sacarlos si era necesario y hacer que los recordemos. Él no los encubrió, ni los metió debajo de la alfombra, sino que los ha quitado por completo (véase Salmo 103:12). Él ha echado a sus espaldas todos nuestros pecados (véase Isaías 38:17). Él no los mira, y no quiere que tampoco nosotras los miremos.

No necesitamos pagar por ellos porque también se han ocupado de eso. Todos nuestros pecados han sido completamente perdonados, y ya no hay ningún sacrificio que necesitemos hacer (véase Hebreos 10:16–18). Regresa y vuelve a leer esa frase, por favor. ¿Viste el "todos" y el "han sido"? ¡Han sido (no serán) todos (no algunos) perdonados! Jesús expió nuestros pecados, y eso significa que nuestra cuenta ha sido arreglada, liquidada, y que estamos en paz con Dios. Tenemos paz con Dios por medio de Jesucristo. Podemos vivir con nuestra alma de vacaciones y podemos celebrar la vida tal como hay que celebrarla. Podemos concedernos permiso para relajarnos y alegrarnos, y disfrutar de Dios y de la vida que Él nos ha proporcionado. No tenemos por qué estar tristes, deprimidas y desalentadas por nuestro pasado, ¡ni siquiera por el pasado de hace un momento! Dios no quiere que vivamos la vida siempre mirando por el espejo retrovisor. No tenemos por qué perdernos ningún gozo o disfrute. Con unas buenas noticias como estas, ¿cómo podemos no celebrar?

> Todos nuestros pecados han sido completamente perdonados, y ya no hay ningún sacrificio que necesitemos hacer.

Todas las cosas son posibles

Si no hay imposibilidades, entonces podemos vivir en constante victoria y nada puede amenazarnos o hacernos sentir temerosas del futuro. Para los hombres, muchas cosas son imposibles, pero para Dios *todas* las cosas son posibles (véase Marcos 10:27). Todo lo que está en la voluntad de Dios será logrado a su manera y a su tiempo.

¿Es la vida demasiado para nosotras? ¿Hay algo que sencillamente no podamos manejar? No según Dios, porque Él dice mediante el apóstol Pablo que todo lo podemos en Cristo que es nuestra Fortaleza. Estamos preparadas para cualquier cosa y estamos a la altura de cualquier cosa por medio de Él, quien nos infunde fortaleza interior (véase Filipenses 4:13).

Antes de soltar las cosas y dejar que Dios sea nuestro

todo en todo, normalmente tenemos que descubrir por el camino difícil que no podemos hacerlo todo. El camino difícil significa que seguirnos intentándolo y fracasando una y otra vez hasta que admitimos la total dependencia de Dios. Puede ser un largo y doloroso viaje, y algunos nunca llegan a su límite, pero para quienes sí llegan, es el comienzo de vivir con su alma de vacaciones. Saben que ellos no pueden hacerlo todo, pero también saben que Dios puede, y deciden que verle a Él hacer lo que hay que hacer como sólo Él puede hacerlo será entretenido. Me encanta ver a Dios obrar. Es uno de mis mayores placeres en la vida.

¿Cuán suficientes somos sin Dios? No tuvimos nada que ver en nuestro nacimiento, ningún control sobre nuestra nacionalidad, el color de nuestra piel, y tampoco controlamos nuestros antepasados o las capacidades mentales y físicas básicas con las que nacimos. Un poder que *nadie* entiende mantiene el latido de nuestro corazón, que nuestros pulmones tomen aire, que nuestra sangre circule, y que la temperatura de nuestro cuerpo se mantenga. Un sencillo estudio del cuerpo humano sin duda debería de decirnos que tenemos un Creador divino. ¡Qué tragedia creer que evolucionamos del mono! Un cirujano puede atravesar los tejidos humanos, pero, por un milagro que nadie entiende, el cuerpo se cura a sí mismo. Nos quedamos sorprendidos e impresionados por la medicina que actualmente está disponible; sin embargo, todos envejecemos y finalmente todos morimos, ¡y ninguna cantidad de medicina moderna puede detener eso!

¿Somos autosuficientes? ¡Apenas!

La ley de la gravedad que mantiene el mundo opera independientemente de nosotros. El equilibrio de oxígeno y nitrógeno es exactamente el correcto para el hombre y los animales. El planeta está inclinado sobre su eje exactamente a 23 ½ grados. Si hubiese alguna variación, se formarían continentes de hielo en los Polos Norte y Sur con un desierto entremedias. Si el sol estuviera un poco más alejado, moriríamos congelados, y si estuviera un poco más cerca, moriríamos por la radiación solar. Si el equilibrio de cualquiera de esas cosas cambiase de repente, aunque sólo fuera mínimamente, todos quedaríamos destruidos al instante. La Biblia dice que Jesús sostiene, mantiene, guía e impulsa el universo entero por su poder (véase Hebreos 1:3). Suena a un trabajo inmenso, pero Él lo hace sin esfuerzo alguno sentado (descansando) a la diestra de Dios.

Ya que sabemos que Dios mantiene al universo funcionando apropiadamente cada segundo de cada día, ¿por qué dudaríamos de que Él puede ocuparse de nosotras? Él tiene todo poder, toda autoridad, toda sabiduría, y nos ama con un amor perfecto que se nos promete incondicionalmente y para siempre. Pon tu fe en Él y entra en su descanso. Fe es el apoyarse de la personalidad humana al completo sobre Él en absoluta confianza en su poder, sabiduría, y bondad (véase Colosenses 1:4). Piensa en eso y pregúntate si confías en Dios absolutamente. ¿Te estás apoyando en Él en cada situación? ¿Crees que Él tiene el poder para ayudarte, y que como Él tiene toda la sabiduría sabe exactamente qué hacer y cómo hacerlo? ¿Crees que Dios es bueno, y que Él quiere ser bueno contigo? Si crees esas cosas, entonces estás preparada para la siguiente buena noticia que tengo para ti.

No hay nada de lo que preocuparte

La preocupación es totalmente inútil. Como digo a menudo, es como mecerse en una mecedora todo el día. Te mantiene ocupada, pero no te lleva a ninguna parte. Yo solía estar siempre preocupada, así que sé en la fortaleza que eso puede convertirse en nuestras vidas. También sé que es un mal hábito que no se rompe fácilmente, pero como todas las cosas son posibles para Dios, entonces es posible que vivamos libres de preocupación, ansiedad y temor. Si estás dispuesta a renunciar a la preocupación, entonces podrás entrar en una actitud de celebración. Puedes confiar en Dios y disfrutar de la vida mientras Él resuelve tus problemas. Concédete permiso para dejar de preocuparte.

> La preocupación es totalmente inútil. Como digo a menudo, es como mecerse en una mecedora todo el día. Te mantiene ocupada, pero no te lleva a ninguna parte.

Nada está fuera del control de Dios, así que en realidad no hay nada de qué preocuparse. Si, por alguna razón, Dios no pudiera controlar algo, ¿qué nos haría pensar que nosotras podríamos hacerlo? Cuando comenzamos a ver la preocupación de manera realista, vemos lo totalmente inútil que es. Nuestra mente gira de modo interminable alrededor de un problema, buscando respuestas que sólo Dios tiene. Puede que meditemos en una cosa y pidamos a Dios sabiduría, pero no tenemos permiso de Dios para preocuparnos. Meditar en alguna cosa en Dios es apacible, pero la preocupación es atormentadora. Cuando nos preocupamos, ¡nos atormentamos a nosotras mismas! Podemos orar y pedir a Dios que nos ayude a no preocuparnos, pero finalmente debemos escoger poner nuestros pensamientos en otra cosa que no sean nuestros problemas. Negarnos a preocuparnos es prueba de que confiamos en Dios, eso le libera a Él para obrar a nuestro favor.

La preocupación es un gran problema para las personas. Me pregunto cuánto de nuestro tiempo mental lo empleamos preocupándonos, razonando y temiendo; probablemente más de lo que empleamos en ninguna otra cosa. En lugar de meditar en nuestros problemas, escojamos meditar en los "todo" de Dios. Entendamos lo ilimitado que es su poder y confiemos en que Él hace lo que nosotras no podemos hacer.

Un pasaje relativamente breve en la Biblia utiliza la palabra "toda":

Depositen en él *toda* ansiedad, porque él cuida de ustedes.

1 Pedro 5:7 (el énfasis es mío)

Te pido que tomes tiempo para leer con atención este versículo, palabra por palabra, y pienses en lo que verdaderamente significa. Recibimos revelación por medio de la meditación, no sólo al leer con rapidez. Hay un gran valor en digerir un versículo palabra por palabra. *Depositar* significa lanzar o echar. Por tanto, necesitamos negarnos violentamente a preocuparnos: ¡tenemos que tirarla! *Toda ansiedad* significa todas nuestras preocupaciones. Hemos de tirar toda ansiedad, toda preocupación, y deberíamos hacerlo completamente, de una vez por todas, de modo que tomamos la decisión de nunca más malgastar un sólo minuto de nuestras vidas preocupándonos. No sólo hemos de depositar nuestra ansiedad, ¡sino que este versículo dice que debemos depositar nuestras ansiedades *en Dios*! Como Él es Dios, puede, y quiere, absorber nuestras ansiedades. ¡Qué regalo! Dios *cuida de nosotras con afecto*, no a regañadientes. Dios *disfruta* de cuidar de nosotras. Él se ocupa de todo lo que nos preocupa, y Él siempre está *vigilando*. A Dios no se le escapa nada.

Aun si tomamos una firme decisión de no preocuparnos, la preocupación se presentará ante nosotras e intentará colarse de nuevo en nuestros pensamientos. Nuestra tarea es desecharla en el instante en que entendamos que está intentando ocupar espacio en nuestro pensamiento. Admitiré que inicialmente es una batalla, pero la persistencia siempre da su fruto. El diablo nos probará para ver si vamos en serio, así que debemos ser firmes en nuestra decisión. ¡YO NO MALGASTARÉ NI UN SOLO MINUTO DE MI VIDA PREOCUPÁNDOME! Dilo una y otra vez con firmeza hasta que este nuevo pensamiento se convierta en parte de ti. Cuando te veas tentada a preocuparte, sugiero que, en cambio, celebres algo que Dios haya hecho por ti en el pasado. Recuerda que el diablo aborrece las fiestas, pero a Dios le gustan.

En lugar de inclinarnos hacia lo negativo y meditar en nuestros problemas, veamos las cosas en nuestras vidas que una vez fueron problemas y ahora han sido resueltos. Podemos celebrar esas cosas y, cuando lo hagamos, aumentará nuestra fe en que las situaciones actuales también se resolverán. Meditar en cosas buenas es una decisión que debes tomar, y no un sentimiento que esperes tener.

Puedes ordenar tu vida según la voluntad de Dios, en lugar de permitir que ella te ordene a ti. Recuerda que Dios tiene todo el poder y que tú estás en Él, así que también tú tienes poder. No eres una debilucha indefensa que debe soportar cualquier tipo de pensamiento que te llegue a la mente. Tienes armas de guerra que te permitirán derribar pensamientos equivocados e imaginaciones (véase 2 Corintios 10:4–5). Esas armas son la Palabra de Dios siendo usada de varias maneras. Podemos cantar la Palabra, pronunciar la Palabra, leer la Palabra, estudiar la Palabra, y meditar en la Palabra. Sólo puedes pensar en una cosa cada vez, así que la próxima vez que comiences a preocuparte, sencillamente

La próxima vez que comiences a preocuparte, sencillamente decide pensar en otra cosa, sigue adelante y disfruta tu día mientras Dios obra en tu situación.

decide pensar en otra cosa, sigue adelante y disfruta tu día mientras Dios obra en tu situación.

Toma unas vacaciones mientras trabajas

Cuando aprendemos a vivir sin preocupación podemos hacer nuestro trabajo o cualquier otra cosa que sea necesario hacer, mientras a la vez nuestra alma está de vacaciones. Podemos tratar las circunstancias que son desagradables y manejar toda la responsabilidad que tenemos y, sin embargo, permanecer totalmente en paz y calma. Recuerdo compartir este mensaje en una ocasión en una iglesia, y el pastor de la iglesia obtuvo una revelación de lo que yo estaba diciendo y literalmente levantó sus manos al aire, se colocó en una posición relajada en su asiento y dijo: "Puedo pastorear esta iglesia mientras mi alma está de vacaciones".

Creo que quienes estamos en el liderazgo nos sentimos responsables de asegurarnos de que todo vaya como debería ir. Desde luego, deberíamos ser responsables, pero si adoptamos un falso o exagerado sentimiento de responsabilidad, entonces nunca disfrutaremos de lo que hacemos. Depositar tus ansiedades no significa que no te importe lo que suceda, sencillamente significa que sabes que sólo Dios puede cambiarlo. Tu fe está en Él en lugar de en ti misma, y puedes dejar que tu mente, tus emociones y tu voluntad descansen en Él.

Cualquiera que sea tu tarea en esta vida, puedes disfrutar

de todo el proceso si aprendes cómo permitir que tu alma (mente, voluntad, emociones) descanse. David dijo: "Ten compasión de mí, oh Dios; ten compasión de mí, que en ti confío. A la sombra de tus alas me refugiaré" (Salmo 57:1). David dijo que su alma (mente, voluntad, emociones) descansaba en Dios. ¡Su alma estaba de vacaciones! Te sugiero que pases algún tiempo cada mañana decidiendo cómo vas a responder al día. Fija tu mente en tener paz a pesar de lo que suceda.

Nuestra alma necesita estar tranquila en lugar de estar trastornada. Si echas un vistazo a tu vida interior, ¿qué ves? ¿Estás preocupada, molesta, y te resistes tercamente al plan de Dios? ¿O estás esperando en silencio en Dios, esperando que Él sea todo en todo?

> Sólo en Dios halla descanso mi alma;
> de él viene mi salvación.
> *Salmo 62:1*

¿Cuánto tiempo ha pasado desde que le diste unas vacaciones a tu alma? Es posible que lleves tu cuerpo físico de vacaciones durante semanas y, sin embargo, no dejes durante todo ese tiempo que tu alma esté de vacaciones. Puedes tumbarte en la playa en una hermosa isla del Caribe mientras tu alma está en confusión. Tu alma necesita unas vacaciones posiblemente incluso más que tu cuerpo; necesita estar tranquila y descansar. Toda la premisa de "come la galleta… compra los zapatos" está pensada para permitir descansar a tu alma. No está mal soltar durante un tiempo las demandas y circunstancias de la vida y hacer algo que te guste.

No está mal soltar durante un tiempo las demandas y circunstancias de la vida y hacer algo que te guste.

Si aprendemos a hacer las cosas a la manera de Dios, podremos trabajar con nuestra alma de vacaciones y podemos tener vacaciones sin que nuestra alma trabaje. Un día de descanso interior probablemente vale más para nuestra salud general que unas vacaciones físicas de dos semanas. Inténtalo: comienza a practicar dejar descansar tu mente y tus emociones y, mientras lo haces, dile a Dios con frecuencia que confías en Él para que supla todas tus necesidades (véase Filipenses 4:19).

En cualquier momento en que tu alma se avive, recuérdate este versículo:

¡Ya puedes, alma mía, estar tranquila,
que el Señor ha sido bueno contigo!
Salmo 116:7

CAPÍTULO
14

Dale a Dios tu todo

Cuando le damos a Dios nuestro todo, realmente estamos diciéndole: "Dios, hágase tu voluntad y no la mía". Es la única manera en que podemos vivir con nuestra alma de vacaciones. De otro modo, siempre estamos batallando con algo que no está funcionando de la manera que queremos. Existimos para Dios y para su gloria, y ser obedientes a su voluntad debería ser nuestra meta.

> Porque por medio de él fueron creadas todas las cosas…
> Él es anterior a todas las cosas, que por medio de él forman un todo coherente.
> Él es la cabeza del cuerpo… para ser en todo el primero.
>
> *Colosenses 1:16–18*

¿Es Dios tu Cabeza? ¿Es Él tu Rey, tu Jefe, y gobierna Él en tus decisiones? ¿Le has dado a Dios tu todo? Debemos responder sinceramente a estas preguntas, y si no somos capaces de decir sí, sí y sí, entonces necesitamos cambiar.

Jesús le dijo al Padre: "Todo lo que yo tengo es tuyo, y todo lo que tú tienes es mío" (véase Juan 17:10). ¡Qué pasaje tan hermoso! Estas quince palabras contienen volúmenes de significado. ¿Qué no le has entregado a Dios? Cualquier cosa que pueda ser te está dañando más de lo que pudieras entender. Aferrarnos tercamente a nuestra propia voluntad nunca es bueno para nosotras. Cualquier cosa que Dios nos diga que hagamos es siempre y solamente para nuestro bien, y si creemos eso, podremos "dejarnos llevar y dejar a Dios obrar".

Yo fui una experta en ser terca durante más años de los que me gustaría admitir, y quizá tú también lo hayas sido. ¡Pero la buena noticia es que podemos cambiar! Podemos rendirnos y, cuando lo hacemos, nuestra alma se va de vacaciones. Anoche tuve una oportunidad de practicar lo que estoy predicando. Dave tenía planes de ir a jugar al golf hoy, y yo podría decir que fue una de muchas veces en que él ha jugado últimamente. Yo, por otro lado, había estado trabajando en este libro. Le pregunté si podría ir a jugar temprano y llegar a casa antes de las tres para poder salir a comer temprano. Él respondió que quería tener bastante tiempo para orar y estudiar antes de irse al campo de golf y que no quería tener que apresurarse porque era su último día para jugar durante este viaje. Yo podía sentir que mi alma regresaba de vacaciones en ese mismo instante. Sentí que se formaban palabras en mi alma y se abrían camino hasta mi boca para expresarse. Dije: "Podrías sacrificarte un poco, ¡después de todo, yo he estado trabajando toda la semana!". Pude ver de inmediato que ese tipo de enfoque no iba a funcionar, así que decidí rápidamente entregárselo a Dios. Le dije a Dave: "Tú toma la decisión y yo me amoldaré a lo que mejor funcione". Al hacer eso, yo le estaba dando a Dios mi todo, e inmediatamente mi alma se fue de nuevo de vacaciones y Dios pudo obrar en el corazón de Dave. Menos de un minuto después Dave dijo: "Probablemente podré llegar a casa antes de las tres". Cuando pienso en la pelea que podríamos haber tenido, me alegro mucho de haber aprendido a entregarle todo a Dios. Si Él no puede convencer a Dave, sin duda que yo tampoco puedo. No sé de tu esposo, pero he observado que al mío no le gusta que yo le convenza; él quiere creer que fue idea de él. Aunque Dave no hubiera cambiado de opinión, no me habría hecho ningún bien molestarme. Él lo habría seguido pasando bien jugando al golf y yo habría estado molesta y triste.

Todas tenemos situaciones parecidas varias veces cada semana, si no diariamente. ¿Cómo podemos vivir con nuestra alma de vacaciones si queremos convencer a Dios y a todos los demás para hacer las cosas a nuestra manera? No

> ¿Cómo podemos vivir con nuestra alma de vacaciones si queremos convencer a Dios y a todos los demás para hacer las cosas a nuestra manera?

podemos, así que, ¿por qué no entregar a Dios nuestro todo a fin de poder experimentar su todo en nuestra vida?

Mencioné anteriormente que uno de mis grandes gozos en la vida es ver a Dios obrar. O bien podemos abrir la puerta para que Dios haga cosas increíbles mediante la sumisión a Él, o podemos cerrar la puerta mediante ser tercas. Mi decisión de callarme y entregar a Dios la situación con Dave y su golf no es tan difícil ahora porque he experimentado lo maravilloso que es vivir con mi alma de vacaciones. Pero hubo un tiempo en que me resultaba una de las cosas más difíciles de hacer en este mundo. No esperes que entregarle a Dios tu todo será fácil al principio; es fácil decirlo, pero no es tan fácil hacerlo. Nuestra alma está muy viva; tiene fuertes opiniones y pensamientos, fuertes emociones, y una fuerte voluntad. Quiere lo que quiere, cuando lo quiere. Entregar exitosamente nuestra alma a Dios será parecido a domar a un semental salvaje. Habrá una buena batalla, pero disfrutarás del paseo sobre el caballo cuando la batalla termine.

Satanás, sin duda, no quiere que vivas con tu alma de vacaciones; quiere que te preocupes, que estés emocionalmente molesta o abatida, y que luches tercamente por hacer las cosas a tu manera y te resistas a la buena voluntad de Dios. Tristemente, ese es el estado en que están muchos cristianos. Van a la iglesia, y cantan la canción "Todo lo rindo", pero solamente llegan hasta ahí. No hay bastante enseñanza sobre el alma, y muchas personas no entienden el importante papel que desempeña en nuestra vida. La verdad es que, sin importar cuánto tiempo hayas sido cristiana, si tu alma está trastornada entonces te sientes desgraciada. El mundo ya está lleno de pecadores desgraciados, ¡así que ciertamente no necesitamos cristianos desgraciados!

No te pierdas lo mejor de Dios

El apóstol Pablo suplicó a quienes enseñaba que dedicasen todos sus miembros y facultades a Dios para su voluntad y su uso (véase Romanos 12:1). Dios se las arreglará si nos negamos a hacer eso, porque Él encontrará una vasija sometida mediante la que trabajar; pero nosotras nos perderemos lo mejor que Dios tiene para nosotras.

¿Por qué escogió Dios a Noé y a su familia para ser salvos en el arca durante el diluvio? ¿Qué había tan especial en ese hombre? La Biblia dice que Noé hizo *todo* conforme a lo que Dios le mandó. ¿En cuánta obediencia estamos dispuestas a caminar? Especialmente, ¿y si lo que Dios nos pide no tiene sentido para nuestra mente o nuestras emociones no se sienten bien? Dudo de que Noé entendiese lo que Dios le estaba pidiendo que hiciera cuando le dijo que construyera un arca para un próximo diluvio. Noé debió de haber sido el hazmerreír de su región. Estoy segura de que su obediencia hizo daño a su reputación delante de los hombres. ¿Cuán dispuesta estás a obedecer a Dios si tu obediencia es probable que dañe tu reputación entre los hombres?

Pablo dijo que si él hubiera intentado ser popular con la gente, nunca se habría convertido en apóstol del Señor

Jesucristo. No siempre podemos agradar a Dios y agradar a los hombres al mismo tiempo.

La Biblia no dice esto, pero quizá Noé no fuese ni el primero ni el único hombre que fue invitado a construir el arca. Quizá Dios se lo pidiera a otros pero Noé fue el único dispuesto a obedecer a Dios. Dios no necesariamente busca a personas con una capacidad increíble, sino que busca la disponibilidad, y una persona que esté dispuesta a hacer sencillamente lo que Él le pida que haga. Si levantamos nuestras manos a Dios y decimos: "Estoy dispuesta a hacer cualquier cosa que quieras que haga", podemos vivir con nuestra alma de vacaciones. Tendremos paz y gozo a medida que transitamos por la vida.

La Biblia utiliza algunas palabras que no oímos con mucha frecuencia en la actualidad, y creo que deberíamos echar un vistazo a algunas de ellas:

Dedicación—Asignado a algo, asignado a un ser divino, apartado para un propósito especial. ¿Estás dedicada a Dios?

Consagración—Ungido con el Espíritu Santo para un propósito especial, no para ser usado para otras cosas, hecho sagrado mediante una ceremonia (véase Romanos 1:7; 1 Pedro 2:5).

¿Te ves a ti misma como alguien que ha sido apartada para un propósito especial en la vida?

Sacrificio—Ofrecer algo a Dios renunciando a algo que tenemos. Podemos sacrificar alabanza, gratitud, dinero, tiempo, o cualquier cosa que poseamos. También podemos sacrificarnos a nosotras mismas. Dios quiere que acudamos a Él como un sacrificio vivo.

¿Estás dispuesta a hacer cualquier sacrificio personal para estar en la perfecta voluntad de Dios?

Sumisión u *obediencia*—Hacer lo que se nos pida que hagamos por alguien en autoridad, y con una buena actitud.

¿Eres sumisa a Dios y a todas las demás autoridades en tu vida?

Castigo—Corrección de Dios (hecha en amor) enseñando a las personas a obedecerle. Formación (con frecuencia dolorosa) que tiene la intención de desarrollar nuestro carácter y hacernos mejores personas.

¿Recibes el castigo de Dios con una actitud de celebración?

Poda—Recortar, o cortar una parte salvaje o enferma de una planta. Nosotros somos las plantas de Dios y Él es el Jardinero divino (véase Juan 15:1–2).

¿Cómo respondes cuando Dios corta algo de tu vida que a ti te gusta?

Mi experiencia como maestra de la Palabra de Dios es que las personas normalmente preferirían oír palabras como amor, gracia, paz, prosperidad y bendición. Pierden su sonrisa y se vuelven bastante sombrías con palabras como las que he definido anteriormente. Sin embargo, he descubierto que aunque puede que no aplaudan y animen mientras se les enseña sobre esas palabras, serán muy felices más adelante si aprenden a trabajar con el Espíritu Santo para aplicar esas disciplinas a sus vidas.

¿Qué tipo de libros lees? ¿Qué tipo de enseñanza y predicación prefieres escuchar? ¿Tienes libros en tu biblioteca sobre desarrollo del carácter, integridad, crecimiento y madurez espiritual, profundizar en Dios, vivir en la presencia de Dios, y la obediencia a Dios? ¿O sólo lees cosas que te hacen sentir bien, pero no confrontan tu conducta o te desafían a cambiar? Probablemente yo podría entrar en el hogar de alguien y mirar su biblioteca y decirte qué tipo de cristiano es y lo interesado que está en un caminar más profundo con Dios.

Nosotros ofrecemos materiales en nuestras conferencias que ayudarán a las personas a madurar espiritualmente, pero con frecuencia yo oculto la carne de la Palabra bajo "títulos de postres" para que las personas los compren. Por ejemplo, tengo una serie sobre la obediencia a la que titulo "Cómo ser radicalmente y terriblemente bendecido". Tengo que usar la misma táctica cuando le doy su medicina a mi perra. Tomo la pequeña pastilla que le evitará el dolor y la envuelvo en queso o pavo para que ella crea que es un regalo. Esa es la única forma de hacer que se la coma.

Una vez tuve una serie de enseñanzas sobre el orgullo y la humildad, y nadie la compraba porque quienes la necesitaban estaban demasiado preocupados (orgullo) de que alguien pudiera ver que la compraban y pensaran que la necesitaban. También tuve una serie titulada "Paciencia en desarrollo" que tampoco se vendió muy bien. Realmente oía a personas hablar en la mesa de los materiales, diciendo: "No querrás comprarla, pues ya sabes lo que sucede si oras por paciencia o estudias sobre ella". Ellos sabían que la paciencia solamente se desarrolla pasando por pruebas, pero no querían descubrir lo bastante para realmente comenzar a pasar por el proceso. Como he dicho antes, solamente el conocimiento mental es casi inútil. Los principios de Dios deben practicarse en nuestra vida estudiando la Palabra y mediante la guía del Espíritu Santo. Necesitamos lo que el apóstol Pablo llamó la carne de la Palabra. Necesitamos enseñanzas que hablen de las malas actitudes, el pecado, morir al yo, y otras importantes lecciones.

El Espíritu Santo guió a Jesús al desierto, un lugar incómodo donde Él fue tentado por el diablo por cuarenta días (véase Lucas 4:1–2). ¿Por qué? Para que Jesús pudiera poner en práctica los principios que Él había estudiado y tener la experiencia de resistir y derrotar a Satanás. No conseguimos ningún músculo (física o espiritualmente) sin entrenarnos. Cada vez que Dios nos guíe a un lugar diferente es siempre para nuestro bien. Si has estado evitando lugares difíciles, te aliento a aceptarlos porque te ayudarán a ser lo que Dios quiere que seas.

Esto puede ser un punto decesivo

Quizá estés sintiendo convicción de no haber entregado tu todo a Dios. Bien, este puede ser un punto decesivo en tu vida. La voluntad de Dios está sólo a distancia de una decisión. Prefiero comenzar mal y terminar bien, que comenzar bien y terminar mal. La Biblia está llena de historias de hombres que

> Prefiero comenzar mal y terminar bien, que comenzar bien y terminar mal.

comenzaron en la voluntad de Dios, pero comenzaron a alejarse de la voluntad de Dios para pasar a la de ellos.

Saúl fue ungido por Dios para ser rey, y él hizo parte de lo que Dios le pidió que hiciera, pero no hizo todo lo que el Señor le dijo que hiciera. Debemos entender la importancia del todo. El *todo* marca toda la diferencia del mundo. *Parte* de lo que Dios requiere no funciona con Él; ¡es todo o nada si verdaderamente queremos agradarle a Él! Él busca obediencia, no sacrificios.

Saúl hizo casi todo lo que Dios le pidió, pero casi todo es muy engañoso. Podemos fácilmente engañarnos a nosotras mismas, como hizo Saúl, y pensar que hemos hecho lo que Dios ha pedido. Saúl no había hecho la voluntad de Dios y fue confrontado por el profeta Samuel. Samuel dijo: el Señor "te envió a cumplir una misión? Él te dijo: 'Ve y destruye a esos pecadores, los amalecitas. Atácalos hasta acabar con ellos.' ¿Por qué, entonces, no obedeciste al Señor? ¿Por qué echaste mano del botín e hiciste lo que ofende al Señor? —¡Yo sí he obedecido al Señor! —insistió Saúl—. He cumplido la misión que él me encomendó. Traje prisionero a Agag, rey de Amalec, pero destruí a los amalecitas. Y del botín, los soldados tomaron ovejas y vacas con el propósito de ofrecerlas en Guilgal al Señor tu Dios" (1 Samuel 15:18–21). Fue en este punto donde Samuel le dijo a Saúl que Dios no quería sacrificios sino obediencia.

Si estudiamos esta historia podemos aprender una gran lección. En primer lugar, vemos que Saúl hizo casi todo lo que Dios pidió, pero lo poco que no hizo le metió en tantos problemas como si se hubiera negado a hacer nada. En segundo lugar, podemos ver que Saúl se engañó a sí mismo; su propio razonamiento negó a su conciencia su función normal y sana. Yo creo que la peor parte de esta historia es que Saúl le dijo a Samuel que se había quedado con lo mejor del botín para sacrificarlo a Dios. Dijo que desobedeció a Dios a fin de beneficiar a Dios. ¡Ese es el peor tipo de engaño! Lo peor de la desobediencia es que promete hacerte feliz dándote lo que quieres, pero termina haciéndote desgraciada. Nunca podemos ser verdaderamente felices con ninguna otra cosa que no sea la perfecta voluntad de Dios. He oído a personas hablar sobre la voluntad permisiva de Dios y decir que Dios quiere que andemos en su perfecta voluntad, pero que hay un lugar llamado la voluntad permisiva de Dios que está en algún punto entre estar fuera por completo de la voluntad de Dios y estar en su perfecta voluntad. Supongo que eso significa que es algo que Dios soportará pero no aprobará.

A mí personalmente no me gusta ese tipo de enseñanza, porque creo, como maestra de la Palabra de Dios, que mi tarea es ayudar a las personas a ser excelentes, no mediocres. Entiendo que podemos pasarnos la mayor parte de la vida hacia estar en la perfecta voluntad de Dios, pero, sin duda, deberíamos tener hambre de ella, anhelarla, perseguirla e ir tras ella con todas nuestras fuerzas. No seamos personas mediocres, que se conforman con algo en el medio, a mitad de camino entre lo peor de Dios y lo mejor. No puedo pensar en un buen nombre para ese lugar, pero supongo que podríamos llamarlo un desastre y ser lo bastante precisos.

Saúl comenzó bien, pero se desvió con bastante rapidez para hacer lo que él quería. Jacob, por otro lado, comenzó muy mal y terminó bien. Jacob fue un hombre que engañó, mintió, hizo trampas a personas, y se confabuló para obtener lo que quería, pero finalmente le entregó su todo a Dios y se convirtió en un gran siervo de Dios. En Génesis 32:22–28 puedes leer sobre cómo Jacob fue restaurado a una buena relación con Dios después de que estuvo dispuesto a renunciar a todo lo que tenía a fin de tener paz en su alma. Su alma ciertamente necesitaba unas vacaciones. Se había pasado toda la vida huyendo y escondiéndose, preocupándose por que le agarrasen y le castigasen por su engañosa conducta; pero decidió cambiar. ¡Nunca es demasiado tarde para hacer las cosas bien! Este puede ser un punto decesivo para ti si lo necesitas.

¿Es tu conducta agradable a Dios?

Establecí al principio de este libro que Dios se agrada de nosotras como sus hijas. Él nos ama y nos acepta tal como somos, pero si nuestros corazones son rectos hacia Él, entonces también querremos agradarle en todas las cosas. ¿Se agrada Dios de tu forma de vestir, de la forma en que gastas tu dinero, de los entretenimientos que escoges, de lo que lees, lo que ves y de lo que hablas? Es cierto que Dios nos ama a pesar de las cosas que elijamos, pero Él también dijo que si le amamos, le obedeceremos (véase Juan

14:15). La consagración total es, sin duda, un viaje, pero la pregunta es: ¿hacia dónde te diriges? ¿Quieres la perfecta voluntad de Dios lo bastante para sacrificar cualquier cosa a fin de obtenerla? ¿Estás dispuesta a darle a Dios tu todo?

Jesús en una ocasión le pidió a un joven rico que diese todo su dinero a los pobres, y el joven se alejó triste porque era incapaz de renunciar a todas sus posesiones (véase Mateo 19:21–22). Jesús se lo habría devuelto muchas veces con gozo, pero el joven no pasó su prueba. Se quedó con sus posesiones, pero no tuvo gozo. Tristemente, gran parte del mundo está en la misma condición que el joven rico. Las posesiones de las personas terminan interponiéndose entre ellas y Dios, y tristemente sus posesiones son más importantes para ellos de lo que deberían ser. Esas personas tercamente se aferran a sus caminos y su testarudez, negándose a someterse a Dios; terminan tristes, deprimidas, enojadas e incapaces de mantener buenas relaciones. Siempre están buscando algo que llene el vacío que hay en su alma.

Oh, si las personas conocieran la belleza de vivir con su alma de vacaciones. Dale unas vacaciones a tu voluntad sometiéndola a Dios y comienza a celebrar la vida. Deja de luchar con Dios, y dejarás de rodear una y otra vez las mismas montañas (problemas) porque has decidido hacer las cosas a tu manera.

> Dale unas vacaciones a tu voluntad sometiéndola
> a Dios y comienza a celebrar la vida.

¿Qué hace el hombre más rico del mundo si se queda sin dinero? ¿Qué hace la estrella de cine o el cantante más famosos si algo sucede y pierden su capacidad de actuar? ¿Qué tiene la mujer más hermosa del mundo cuando envejece y su piel se arruga, su cabello se vuelve gris, y quizá tenga que caminar con un andador? Debemos tomar decisiones ahora con las que estemos felices más adelante en la vida, porque el más adelante siempre llega. Yo quiero entregarle mi todo a Dios a fin de no tener que lamentarme más adelante por lo que podría haber sido si hubiera obedecido.

Cuando entregamos a Dios nuestro *todo*, cuando le obedecemos en *todas* las cosas, y cuando *toda* nuestra confianza está en Él, y cuando sólo queremos lo que Él quiere que tengamos, no queda nada para el alma sino paz y descanso (vacaciones). Hemos descubierto la vida resucitada de la que Pablo habló que nos resucita de entre los muertos mientras seguimos estando en el cuerpo. El salmista habló sobre estar oculto en el lugar secreto del Altísimo (véase Salmo 91:1). Yo creo que hemos descubierto ese lugar cuando sabemos que de Él, y por Él, y para Él son *todas* las cosas. Porque *todas* las cosas se originan con Él, viven por medio de Él, se centran en Él, y terminan en Él (véase Romanos 11:36).

¿Estás cansada, abrumada y agotada? ¡Entonces acude a Jesús y Él te dará unas vacaciones para tu alma! Tu mente, emociones y voluntad pueden estar en reposo, y puedes ser una cristiana que esté en aleluya de la cabeza a los pies, como Agustín de Hipona dijo que deberías estar.

CAPÍTULO
15

Celebra la disciplina

Vivir con nuestra alma de vacaciones requerirá disciplina. A primera vista, eso suena a contradicción; pero necesitaremos utilizar disciplina en nuestros pensamientos, nuestras emociones, y nuestra voluntad para liberar nuestra voluntad a la voluntad de Dios. Si queremos renunciar a la preocupación, la tristeza y la terquedad, y en cambio escoger celebrar, comer galletas, comprar zapatos, jugar, y tener festejos que duren varios días, ¿no acabaremos al final con problemas? Sí, así sucedería si no tuviéramos equilibrio. Por eso necesitamos entender el papel que la disciplina debe desempeñar en todas las áreas de la vida. Normalmente, las personas fruncen el ceño y se quejan cuando oyen la palabra disciplina, pero la disciplina no es nuestra enemiga. De hecho, es en realidad nuestra mejor amiga. La disciplina nos ayuda a ser lo que decimos que queremos ser y a tener lo que decimos que queremos tener, pero nunca lo tendremos sin ella. Dios nos ha dado un espíritu de disciplina y dominio propio, según la Escritura (véase 2 Timoteo 1:7). El dominio propio es uno de los frutos de la vida guiada por el Espíritu. Una vida sin disciplina es un desastre, y una que es todo disciplina y nada de celebración es un desierto seco. ¡Debemos tener equilibrio!

A medida que aprendemos a celebrar otras cosas, aprendamos también a celebrar la disciplina, porque es una maravillosa herramienta que Dios nos ha dado para ser nuestro ayudador, y no nuestro amo. Cuando varias disciplinas se convierten en leyes, se vuelven el amo y nosotras somos las esclavas. Por ejemplo: cuando yo era una madre y ama de casa joven, era muy disciplinada en cuanto a las tareas de mi casa. Limpiaba la casa cada día, y eso incluía limpiar el polvo, encerar, barrer, y utilizar la aspiradora. Desde luego, los platos no se quedaban en la pila de la cocina por mucho tiempo, y hacía la colada diariamente. Me negaba a hacer nada que pudiera ser un indicio de entretenimiento hasta que hubiera terminado todas mis tareas. Estaba orgullosa de mí misma, y en realidad miraba con menosprecio a mis amigas menos disciplinadas.

> Aprendamos también a celebrar la disciplina, porque es una maravillosa herramienta que Dios nos ha dado para ser nuestro ayudador, y no nuestro amo.

A medida que fui creciendo en mi relación con Dios y comencé a aprender a ser guiada por el Espíritu Santo, tuve un día en que varias amigas me invitaron a ir de compras con ellas, y yo no sólo tenía el deseo de ir, sino que también sentí que el Espíritu Santo me indicaba que fuese. Sin embargo, dijo "no" porque mi disciplinada rutina se había convertido en una ley para mí por la cual vivía. Nunca me desviaba de ella; ¡terminaba todas mis tareas antes de hacer ninguna otra cosa! Terminé teniendo un día horrible. Resentía el hecho de que yo estaba trabajando y mis amigas estaban pasándolo bien, pero no veía que eso era culpa mía. Nada salió bien aquel día porque yo estaba siendo guiada por Joyce, y no por Dios.

Cuando era niña no recibía corrección por parte de mi papá cuando yo estaba trabajando, sólo cuando estaba jugando o riéndome con voz demasiado alta. Me parecía que el mundo aplaudía el trabajo, pero desdeñaba el juego. Yo me sentía segura cuando estaba trabajando y seguía las reglas. Afortunadamente, al final aprendí que aunque las disciplinas son necesarias, no debemos permitir que nos gobiernen. Es permisible decir de vez en cuando: "Simplemente no puedo realizar esa disciplina hoy… ¡tengo que jugar!". Dios tuvo que enseñarme que el polvo seguiría estando ahí al día siguiente y que, como Marta, yo estaba con frecuencia demasiado ansiosa y preocupada por cosas de las que no tenía por qué estarlo. Todas necesitamos algunos días María. ¡Días en que nos relajemos y nos concedamos un descanso a nosotras mismas!

Ocasionalmente, no podemos ir al gimnasio, o seguir nuestra dieta, o limpiar la casa, o hacer cualquier otra rutina que tengamos, y eso no está mal mientras tengamos la disciplina de volver a hacerlo al día siguiente. El problema llega cuando tenemos más días indisciplinados que disciplinados. Dios ordenó a Israel que celebrase festejos, fiestas y celebraciones varias veces al año, pero también recibieron el mandato de trabajar más de lo que festejaban. Dios dijo que en seis días Él creó el mundo y descanso el séptimo, y nos dio la misma fórmula.

Yo me como una galleta (cubierto de azúcar glacé) aproximadamente una vez por semana, pero sé que no puedo comerme una cada día y no obtener un mal resultado. Tristemente, algunas personas no pueden hacer las cosas con moderación. Dicen: "Yo soy una persona de todo o nada". Pero yo no creo que esa sea la forma en que Dios quiso que fuéramos. Hay personas que me han dicho que si se permiten comerse una galleta, terminan comiendo otra, y otra, así que tienen que privarse todo el tiempo. También me dicen lo que se lamentan de sí mismas porque todos los demás pueden disfrutar de un postre de vez en cuando y ellas no pueden. Yo creo que el diablo les ha engañado y ellas han olvidado que Dios les ha dado un espíritu de disciplina y de dominio propio. Puedes decir "sí" cuando quieras y puedes decir "no" cuando quieras. ¡¡¡Tienes el mismo poder en ti que resucitó a Cristo de los muertos!!!

Desarrolla una nueva imagen

El modo en que te ves a ti misma es tu imagen de ti. Es como una fotografía que llevas en tu cartera mental, y afecta a todas tus palabras, emociones, actos y decisiones. Si te ves a ti misma como alguien que no puede controlarse, entonces así serás. Si te ves a ti misma como una persona que tiene disciplina y dominio propio, entonces manifestarás disciplina y dominio propio.

En el reino de Dios las cosas funcionan de forma diferente a como funcionan según los caminos del mundo. Por ejemplo, la Palabra de Dios nos enseña que pongamos en consonancia nuestros pensamientos con los de Él, y entonces lo que Él dice se cumplirá (Proverbios 23:7). Eso es lo contrario al modo en que funciona la persona promedio que no tiene conocimiento de los caminos de Dios. Ellos sólo creen lo que ven; no tienen conocimiento de la esfera espiritual ni creencia en ella. Como cristianas, ¡primero creemos y después vemos! Confiamos en la Palabra de Dios y en sus promesas más de lo que confiamos en cómo nos sentimos o lo que vemos con nuestros ojos naturales.

Si Dios dice que tenemos un espíritu de disciplina y dominio propio, entonces necesitamos pensar y decir que tenemos un espíritu de disciplina y dominio propio. Si te ves a ti misma de la forma en que Él te ve (terminada), entonces te convertirás en lo que Él dice que eres. Debemos recordar que Dios ve el fin desde el principio. Él llamó a Abraham padre de muchas naciones mucho tiempo antes de que él tuviera un hijo. Él nos llama disciplinadas y con dominio propio, y debemos tener esa imagen si queremos una vida de libertad.

Disciplina es libertad

¿Cómo consideras la disciplina? ¿La ves como algo que te controla, o como algo que te ayuda a controlarte a ti misma? ¿La ves como algo que *tienes* que hacer, o como algo que te ayuda a convertirte en la persona que verdaderamente quieres ser? Vivir una vida disciplinada es el único camino a la libertad. La disciplina no es atadura, ¡es libertad!

Disciplinarnos a nosotras mismas para ejercitar y desarrollar buenos hábitos alimenticios nos libera para sentirnos bien y estar cómodas con nuestra ropa. Disciplinarnos a nosotras mismas para manejar nuestro dinero sabiamente nos libera de la presión de la necesidad y las deudas. Disciplinarnos a nosotras mismas para ser excelentes en lugar de ser mediocres o perezosas nos da el disfrute del respeto por nosotras mismas. La disciplina es un trabajo duro, pero es más fácil que intentar vivir una vida que está descontrolada.

La disciplina nos permite disfrutar de una casa limpia y bien mantenida, un auto limpio y espacio para trabajar. De muchas maneras, nos libera del temor. No tenemos que tener temor a un derrumbe económico si nos hemos disciplinado para estar preparadas espiritualmente y económicamente. La disciplina y el domino propio son dones de Dios, con la intención de ayudarnos a disfrutar de la buena vida que es voluntad de Dios para nosotras.

Este libro habla sobre disfrutar la libertad de la celebración. Habla de concederte a ti misma un descanso y recompensarte por el progreso. Habla de recesos y vacaciones, pero la verdad es que ninguna de esas libertades es posible a menos que también utilicemos la disciplina y el dominio propio. Utilizar una generosa cantidad de disciplina y dominio propio es lo que hace posible una vida de celebración. Te estaría haciendo una injusticia si te diera la idea de que no debes hacer otra cosa sino festejar y celebrar. En realidad, aunque pudiéramos hacer eso, no lo disfrutaríamos porque Dios nos ha formado de manera que necesitamos equilibrio. Realmente necesitamos la disciplina al igual que la fiesta. Hasta podríamos decir que la disciplina es lo que nos da derecho a la fiesta.

> Utilizar una generosa cantidad de disciplina y dominio propio es lo que hace posible una vida de celebración.

Puede que recuerdes que yo quería comerme la galleta *después* de haber realizado cuatro sesiones en mi conferencia y que me quedaba dar otra más. Había estudiado, orado, trabajado, y me había disciplinado y tenía necesidad de una recompensa. Me gusta mi galleta ocasional, pero me disciplino a mí misma a seguir un estricto plan de alimentación y a hacer tres entrenamientos por semana en el gimnasio. Me gusta comprar zapatos, pero me disciplino a mí misma para regalar zapatos y me disciplino para poder pagarme mis zapatos. No los compro con tarjeta de crédito sin tener ni idea de cómo los pagaré cuando llegue la factura.

A estas alturas puede que estés pensando que te gustaron los primeros capítulos de este libro más que este, pero sé valiente y sigue leyendo. Si abandonas ahora sin aprender la importancia de la disciplina, nunca serás capaz de disfrutar verdaderamente las otras libertades de las que hemos hablado.

Disciplinas interiores

Richard J. Foster, en su maravilloso libro titulado *Celebration of Discipline*, enseña sobre la importancia de las disciplinas interiores, las cuales son realmente disciplinas espirituales. Quiero hablar también sobre ellas porque sin disciplina interior nunca tendremos disciplina exterior. Por ejemplo, si yo no me disciplino para estudiar la Palabra de Dios y orar, probablemente nunca utilizaré sabiduría con mis palabras; no entenderé la importancia del poder de mis palabras si no conozco la Palabra de Dios. Si no conocemos a Dios, ¿cómo podemos saber nada sobre lo que está bien y mal, lo que es sabio o necio? ¿Cómo podemos saber sin estudiar que Él es el camino, la verdad y la vida (véase Juan 14:6)? Si no conocemos los principios de la sabiduría de Dios, entonces es fácil vivir con presión económica simplemente porque estamos controladas por las emociones cuando hacemos compras. Podemos pasar toda nuestra vida con egoísmo y centradas en el yo y nunca ni siquiera entender que eso es la raíz que causa la mayoría de nuestros problemas.

Richard Foster dijo:

"La superficialidad es la maldición de nuestra época. La doctrina de la satisfacción instantánea es un importante problema. La desesperada necesidad hoy no es de un mayor número de personas inteligentes, o de personas dotadas, sino de personas profundas".[1]

Jesús desafió a sus discípulos a ir a lo profundo para encontrar lo que verdaderamente deseaban (véase Lucas 5:4). A fin de vivir la vida más profunda debemos aprender a disciplinar pensamientos, actitudes y emociones. Debemos aprender las disciplinas de la oración, la adoración, el estudio bíblico, la meditación, el ayuno, el dar, el servicio, la sumisión, la soledad, y muchas otras cosas. Vivir una vida superficial es equivalente a vivir según nuestros propios pensamientos, sentimientos y voluntad. La Biblia se refiere a ello como carnalidad o vivir según la carne. La vida más profunda la disfruta la persona que haya aprendido el arte de la disciplina. Aprende a disciplinar la vida interior y también la vida exterior. A medida que yo me discipliné para pasar tiempo con Dios diariamente a solas, leer y orar (conversación con Dios), recibí fortaleza de Dios para poder disciplinar mi vida exterior (mente, voluntad y emociones).

Aplicar disciplina me ha liberado para disfrutar una vida en la que no soy controlada por un inesperado revés emocional no bienvenido debido a difíciles circunstancias que lleguen sin invitación. La disciplina me libera de librar batalla contra una hormona inesperada que decidió ir en dirección contraria sin previo aviso. Ya no tengo que inclinarme ante pensamientos negativos, ideas e imaginaciones que no están de acuerdo con la Palabra de Dios. Pero no hubiera conocido la Palabra de Dios si no me hubiera disciplinado a mí misma para aprenderla. Por tanto, podemos ver con claridad que la disciplina de la vida espiritual interior es la puerta para ser capaces de disciplinar las demás áreas de nuestra vida.

Las disciplinas espirituales son para seres humanos normales y corrientes, y no sólo para los gigantes espirituales o para aquellos que están en algún tipo de posición ministerial. Son para mamás y papás que van a trabajar, limpian la casa, cortan el césped, compran alimentos, y emplean todo su esfuerzo para educar a sus hijos. Son para muchachos y muchachas, adolescentes, jóvenes solteros y otros solteros no tan jóvenes. No te engañes pensando que tú no formas parte de la élite llamada a una vida espiritual profunda. Cristo ha derribado todos los muros de división y todos somos iguales en Él. Todos tenemos la misma responsabilidad y los mismos privilegios. Si crees que esta vida más profunda no es para ti, entonces no intentarás obtenerla y eso será verdaderamente trágico.

No necesitas ninguna formación especial para ser profundamente espiritual, excepto que tengas hambre de más de Dios en tu vida. Debe haber un anhelo en tu alma de una experiencia genuina con Dios. Sin ese anhelo, siempre estarás satisfecha con falsificaciones y espejismos. Podrías pensar que un buen momento ocasional es lo mejor que puedes tener, pero en realidad puedes tener un gozo que no puede explicarse. Volverse profundamente espiritual no significa que debas vestir toda de negro, borrar la sonrisa de tu cara, y mantener una apariencia de intensidad en todo momento. Las personas profundamente espirituales son las personas más felices y más pacíficas de la tierra.

Las personas legalistas y rígidas son desgraciadas, pero cuando se practica la disciplina bajo el liderazgo del Espíritu Santo, es una de las herramientas más hermosas que Dios ha dado al hombre. Y el resultado de esa disciplina es gracia, flexibilidad, paz y gozo.

Es posible ser exageradamente disciplinada, como yo lo era. Richard J. Foster dijo: "Las disciplinas espirituales son para nuestro bien. Son para llevar la abundancia de Dios a nuestra vida. Es posible, sin embargo, convertirlas en otro conjunto de reglas que matan el alma. Las disciplinas legalistas respiran muerte".[2]

Puede que nos volvamos celosas en nuestra búsqueda de disciplinas y las convirtamos meramente en reglas externas que nunca cambian el corazón. Los fariseos eran los hombres más disciplinados de su época y, sin embargo, tenían caras tristes y eran rígidos y críticos. Les decían a todos qué hacer porque ellos sabían lo que era correcto, pero personalmente no tenían ninguna ternura espiritual. ¡Nunca levantaban un dedo para ayudar a nadie! Las verdaderas disciplinas espirituales deberían hacernos más semejantes a Jesús, que es humilde, amable y manso, y al mismo tiempo es poderoso y un guerrero victorioso. Jesús siempre mantiene el equilibrio perfecto en todo.

Las disciplinas no están ahí con la intención de manipularte y controlarte. Son para mantenerte en el camino estrecho que conduce a la vida (véase Mateo 7:13–14). Puedes ser profundamente espiritual, increíblemente disciplinada y, aun así, celebrar cada día que Dios te da en la tierra. Puedes ser profundamente espiritual y reírte cuatrocientas veces al día, como hacen los niños.

Disciplínate a ti misma

Una de las cosas que me resultan más irritantes del mundo es una persona que sea muy disciplinada en alguna área de su vida y que intente forzarme a seguir esa disciplina. Debemos tener cuidado de intentar que todo el mundo haga lo que nosotras hacemos. Aunque sea para el bien de otros, eso queda entre ellos y Dios; es mejor orar por las personas (humildemente) y no dar consejos a menos que ellos lo pidan o sea evidente que Dios nos está abriendo una puerta para que hagamos una sugerencia. Yo he tenido que recordar que Dios me ha dado dominio *propio*, y eso significa que debo controlarme a mí misma y no a los demás. Necesito disciplinarme a mí misma antes de ni siquiera pensar en intentar ayudar a otra persona.

Cuando hemos desarrollado disciplina en alguna área concreta, con frecuencia tratamos de convencer a otras personas de que necesitan disciplinarse del mismo modo que nosotras. Algunas personas que no beben café intentan hacer que me sienta culpable cuando yo lo tomo, pero desperdician su tiempo. Yo ya dejé de tomarlo y no sentí ninguna diferencia; también he tenido conversaciones con el Señor al respecto y consulté a un nutriólogo que me asegura que, con moderación, la cafeína no es mala para mí. Simplemente porque Dios haya conducido a otra persona a no tomar cafeína no significa que Él me esté guiando a mí de esa manera. Mi esposo intentó convencerme durante años para que hiciera ejercicio, pero no lo logró hasta que Dios me dijo que lo hiciera. En mi día de la galleta, no me gusta estar con una de *esas personas* que nunca comen azúcar; no quiero sentir lo que está pensando y ver su mirada de desaprobación de lo que puede suponer que es una falta de disciplina por mi parte.

Yo tuve por muchos años el mal hábito de intentar decirles a los demás qué hacer en áreas en que yo era exitosa, pero finalmente aprendí que Dios me dijo que me disciplinara a mí misma, y no a los demás. Creo que con frecuencia perdemos nuestras propias victorias por intentar dar consejos a otros. Ten cuidado cuando pienses que estás firme, para que no caigas (véase 1 Corintios 10:12). Intentar decir a los demás qué deben hacer es a menudo una manifestación de orgullo, y siempre abre la puerta a una caída. Uno de los secretos de tener éxito es guardarte tu éxito para ti misma. Cuando yo estoy intentando adelgazar unos kilos, invariablemente no puedo seguir mi plan si comienzo a decirle a todo el mundo lo que estoy haciendo. Sin embargo, si lo guardo como algo entre Dios y yo, entonces Él me fortalece y me da éxito.

> Yo tuve por muchos años el mal hábito de intentar decirles a los demás qué hacer en áreas en que yo era exitosa, pero finalmente aprendí que Dios me dijo que me disciplinara a mí misma, y no a los demás.

Hay un tiempo para compartir cosas, pero también hay un tiempo para estar callada. Tú tienes un espíritu de disciplina y de dominio propio; es tu mejor amigo si sabes cómo utilizarlo adecuadamente. Te ayudará a ser profundamente espiritual y exitosa en todas las áreas de la vida. Deberíamos, sin duda alguna, celebrar la disciplina.

Algunas pautas prácticas

Si tienes muchas áreas en tu vida en las que te das cuenta de que necesitas disciplina, no intentes corregirlas todas a la vez. "Una cosa cada vez" es normalmente la mejor política. Ora, pidiendo a Dios que te dé dirección en cuanto a qué abordar en primer lugar, y cuando creas que tienes una meta adecuada, entonces crea un plan realista sobre cómo lograrla. Observa que he dicho que primero ores y luego planifiques. No hagas tu propio plan y le digas a Dios que Él tiene que hacer que funcione. También quiero que observes que he dicho que hagas un plan *realista*.

Si necesitas limpiar tu sótano y tu garaje, no planees limpiarlos ambos en un solo día. Podría ser mejor poner la meta de dos semanas. Siempre es mejor lograr tu meta antes de tiempo que tener expectativas irrazonables, desanimarte, y nunca lograrla. Quizá deberías dedicar una o dos horas al día al proyecto hasta que lo termines. Cuando logres la meta, puedes quitarla de tu lista, mirar el producto terminado con gozo, ¡y comerte una galleta!

Quizá tengas que perder unos diez kilos y te gustaría haberlos adelgazado dos meses antes de que empiece la temporada de baños porque quieres ponerte en bañador. ¡Eso probablemente no sucederá! Si esa es tu meta, no durarás mucho porque te habrás derrotado a ti misma con una meta irrealista. Quizá debieras decir: "para esta época el año que viene habré perdido esos kilos, me veré estupenda con mi bañador, y estaré haciendo ejercicio regularmente". Esa es la meta a largo plazo, y puedes ponerte metas a corto plazo que te ayuden a lograrla.

Quizá tu meta debería ser perder un par de kilos al mes. Sé que no suena a mucho, pero normalmente el peso que se pierde de forma lenta y adecuada es más probable que no se recupere que los kilos que se pierden con algún tipo de dieta malsana de moda. Cuanto más sobrepeso tengas, con mayor rapidez lo perderás, así que esta meta debe ser una meta individual pero también debería ser realista.

Siempre tendrás algo en la vida hacia lo que estés trabajando. Nunca tendrás todo tachado de tu lista, así que sigue adelante y disfruta del viaje. Puedo recordar cuando yo me sentía muy decepcionada conmigo misma si se terminaba el día sin que hubiera logrado todo lo que me había planeado. Parecía que siempre estaba insatisfecha con mi progreso, hasta que finalmente entendí que a pesar de todas las cosas que yo hiciera, siempre surgirían cosas nuevas. Puedo tachar una cosa de mi lista, pero se añade otra, así que, con la ayuda de Dios, finalmente aprendí a hacer todo lo posible cada día, levantarme al día siguiente y comenzar de nuevo (con una buena actitud).

> Siempre tendrás algo en la vida hacia lo que estés trabajando. Nunca tendrás todo tachado de tu lista, así que sigue adelante y disfruta del viaje.

Cuando tratamos de lograr nuestras metas, tendremos momentos de éxito y también tendremos momentos en que sentiremos que hemos fallado. Pero lo cierto es que nunca fallamos a menos que abandonemos y tiremos la toalla. Me encanta la teoría de John Maxwell de que podemos fallar hacia delante.[3] En otras palabras, podemos aprender de nuestros errores y seguir hacia delante. Si estás a dieta y de repente, el décimo día, te pones emocional y te comes todo lo que tienes a la vista, eso no significa que sencillamente deberías abandonar y seguir comiendo en exceso todos los días. Considera la comilona de hoy como un revés momentáneo en un plan a largo plazo, levántate al día siguiente y sigue en la dirección correcta. Fallar un día no tiene por qué arruinar todo tu plan, si tú no lo permites.

Si estás intentando salir de las deudas y realmente te has estado disciplinando y recortando gastos innecesarios, y entonces lo echas a perder y compras algo que no deberías haber comprado, no abandones. Quizá puedas devolver el artículo, pero si no puedes, sí puedes aprender una buena lección y seguir adelante. ¡Hasta una tortuga finalmente llegará al lugar al que se dirige!

Creo que mi mejor consejo práctico es entender que nuestras vidas no se desordenan en un solo día, y no volverán a estar ordenadas en un solo día. Si queremos éxito, necesitamos comprender que no llegará rápidamente o se manifestará sin esfuerzo alguno. Normalmente somos indisciplinadas durante bastante tiempo en cierta área antes de que comience a alcanzarnos, y cuando estamos decididos hacer lo correcto, tomará tiempo comenzar a ver resultados. Comprométete a un estilo de vida de disciplina y dominio propio. No tengas una actitud que dice: "Quiero apresurarme y perder este exceso de peso para volver a poder comer todo lo que yo quiera". Si esa es tu actitud, vivirás en una montaña rusa de altibajos toda tu vida. Toma la decisión de que vas a vivir una vida disciplinada y con dominio propio, pero a lo largo del camino te darás un descanso de vez en cuando para comer la galleta y comprar los zapatos, o cualquier otra cosa que te guste hacer.

Y finalmente, aunque no menos importante, quiero sugerir que además de planificar tus disciplinas para el día, también planifiques algo que te guste. ¡Toma tiempo para el descanso! Prepara ese café con leche y disfrútalo, da un paseo por el parque; si vas a convertirlo en una galleta cada día, asegúrate de disfrutar cada bocado. He descubierto que no me disciplino a mí misma sin un plan, y también he descubierto que es más probable que haga cosas que me gustan si también las planifico.

> ¡Toma tiempo para el descanso! Prepara ese café con leche y disfrútalo, da un paseo por el parque; si vas a convertirlo en una galleta cada día, asegúrate de disfrutar cada bocado.

Dios nos ha dado un espíritu de disciplina y de dominio propio, y lo único que tenemos que hacer es ejercitarlo. A propósito… ¡Cuánto más te disciplines a ti misma, más fácil será!

Disciplínate a ti misma
para celebrar

El tema de este libro ha sido la celebración y aprender a recompensarnos a nosotras mismas por el progreso. Ha hablado de concederte permiso para relajarte y alegrarte y no ser tan intensa. Quiero que celebres la vida y la disfrutes inmensamente, porque creo que esa es la voluntad de Dios. Ya que la vida con frecuencia puede ser desafiante y podemos fácilmente enredarnos en todos sus problemas, necesitaremos realmente disciplinarnos a nosotras mismas para mantener vivo el tema de la celebración. Todas tenemos que tratar problemas que surgen y personas que nos frustran y/o nos decepcionan. No hay manera de estar vivas y evitar eso, pero si añadimos generosas porciones de celebración a nuestra vida, descubriremos que no nos sentimos tan abrumadas por las partes desagradables. Recuerda que

Jesús dijo que deberíamos acudir a Él cuando nos sintamos agobiadas y cansadas y Él nos daría descanso para nuestras almas (véase Mateo 11:28–29).

Quiero volver a hacer hincapié en que cuando planees tu día, te asegures de dejar espacio para algo que te guste. Si no estás acostumbrada a hacer eso, y la mayoría probablemente no lo esté, requerirá disciplina. Casi puedo garantizarte que inicialmente te sentirás culpable sencillamente porque nos sentimos más aceptables cuando estamos trabajando y logrando algo. Ayer hice una encuesta en una habitación llena de personas y pregunté si se sentían mejor consigo mismas cuando estaban trabajando o relajándose. Todas ellas dijeron que se sentían más aceptables cuando estaban trabajando. Todas resultaron ser madres jóvenes, y confesaron que se sentían culpables si se relajaban cuando quedaba por hacer alguna tarea. ¿Por qué nos sentimos así? Yo creo que la respuesta correcta está compuesta por varias partes. En primer lugar, somos creadas por Dios para ser responsables, y esa es una característica buena y necesaria; sin embargo, si permitimos que lo bueno llegue muy lejos se convierte en algo malo, y nos volvemos excesivamente responsables, hasta el punto de no poder relajarnos. Podemos fácilmente adoptar un falso sentimiento de responsabilidad, cuando nos sentimos responsables de hacer más de lo que es razonable. Podemos unirnos a la sociedad impulsada que nos rodea y que apoya a una industria multimillonaria relacionada con el estrés, o podemos disciplinarnos a nosotras mismas para incluir celebraciones regulares y recompensas por el progreso. El hecho de que nuestra sociedad parezca estar impulsada, y adore el éxito en el trabajo, se convierte en otra parte de la razón por la cual la mayoría de las personas se sienten culpables si no están logrando algo todo el tiempo.

He conocido a jóvenes mamás que sienten que no son lo que deberían ser a menos que puedan compaginar matrimonio, crianza de los hijos, ser amas de casa y una carrera. Recuerdo cuando estaba fuera de lo normal que una madre trabajase fuera de casa, y ahora parece extraño si no lo hace. Lo que cada familia decida hacer es su decisión, pero una cosa es segura: ninguna madre debería sentirse menospreciada porque decida dedicarse totalmente a su familia y hacer de eso su carrera. Una cosa que no tenemos que hacer es empujarnos a ser como alguna otra persona. Jesús nos libera por completo de la tiranía de la comparación y la competición, y nosotras podemos, y deberíamos, celebrar que somos únicas.

Hacer ajustes constantemente

A medida que añadas celebración a tu vida, puedes descubrir que ocasionalmente vas demasiado lejos y necesitas hacer ajustes. Una de las razones de que a mí me costase tanto no trabajar todo el tiempo es que, por alguna razón, tenía temor a llegar a ser perezosa si me relajaba. Mi familia se reía de mí cuando yo les decía eso, pero es la verdad. Sé que es fácil ir demasiado lejos en cualquier cosa, y sencillamente quiero asegurarme de ser equilibrada. He aprendido a confiarle a

Dios todo y simplemente seguir la guía del Espíritu Santo. Trabajo duro, pero descanso. Y cuando he descansado y he celebrado lo suficiente, entonces vuelvo a trabajar.

Hay personas a las que no les gusta trabajar, y no tienen problema alguno en festejar y festejar todo el tiempo, pero eso no es verdadera celebración, porque no están haciendo nada que haya que celebrar. ¡No celebrar nada no es genuina celebración! Esos individuos son perezosos e indisciplinados, y con bastante frecuencia su temperamento natural tiende hacia la diversión, pero nunca han aprendido la disciplina y la recompensa de un trabajo duro. Creo que todas estaremos desequilibradas de alguna manera si no hacemos ajustes continuamente.

Yo, de modo natural, me inclino más hacia el trabajo, el logro y la responsabilidad; por tanto, he tenido que aprender a recompensarme a mí misma por el progreso. No fue una lección que me resultó fácil aprender, porque las otras características estaban profundamente arraigadas en mí y se habían convertido en mi identidad. Yo no era un *ser* humano, sino, en cambio, me había convertido en un *hacedor* humano. También conozco a personas que han batallado tanto como yo intentando sobreponerse a la tendencia de jugar demasiado; eran personas indisciplinadas a quienes resultaba difícil manejar el trabajo y la responsabilidad. Eran expertos en posponer las cosas y evitarlas, pero le han pedido ayuda a Dios y utilizaron los principios de la disciplina para vencer el exceso en su área al igual que yo lo hice en la mía. Lo fundamental es que tendremos que disciplinarnos a nosotras mismas; de otro modo, nuestras vidas estarán desequilibradas.

He descubierto que rara vez tomo una decisión de arreglar algo sin finalmente tener que hacer más ajustes. Probablemente siempre tendré que estar firme en esta libertad de no trabajar todo el tiempo sino también tomar tiempo para celebrar. Creo que algunas personas siempre tendrán que disciplinarse para no jugar demasiado y realizar el trabajo que haya que hacer. Yo siempre estoy haciendo ajustes, y veo que las personas mejor equilibradas hacen lo mismo. Sencillamente es demasiado fácil desequilibrarse en nuestra sociedad. Vivimos en una sociedad impulsada en la que se aplaude que nos empujemos a nosotras mismas; sin embargo, también vivimos en una sociedad que es adicta al entretenimiento. Por tanto, siempre deberíamos ejercitarnos para encontrar el equilibrio adecuado entre los dos extremos opuestos.

> Siempre deberíamos ejercitarnos para encontrar el equilibrio adecuado entre los dos extremos opuestos.

Yo regularmente observo que me he desequilibrado en alguna área de mi vida y tengo que hacer algún ajuste. Trabajo mucho para mantener buenos hábitos alimenticios, pero varias veces al año comienzo a comer algo en exceso (normalmente galletas) ¡y tengo que tener una reunión conmigo misma y establecer nuevas metas otra vez! Hubo un tiempo en que me sentía como un fracaso cuando eso sucedía, pero he aprendido que puedo fracasar hacia delante. Sencillamente puedo darme cuenta de que estoy desequilibrada y comenzar a hacer otra vez lo correcto. Sería mejor si nunca me hubiera desviado, pero soy un ser humano y no manifestaré un control perfecto en cada área cada día de mi vida. Dios nos ha dado un espíritu de disciplina y dominio propio, así que podemos volver al curso correcto cuando observemos que nos hemos desviado. Él también nos da su Espíritu Santo para hacernos conscientes de esas ocasiones y ayudarnos a hacer los ajustes necesarios. Estás viviendo una vida de autoderrota si te sientes culpable cada vez que entiendes que necesitas cambiar algo. Como dije anteriormente en el libro, podemos y deberíamos celebrar sentir convicción del Espíritu Santo en cuanto a áreas de nuestra vida que necesiten un cambio. Podemos celebrar que tenemos la capacidad de permanecer en equilibrio haciendo ajustes regulares a nuestro estilo de vida.

Podemos adoptar una perspectiva negativa y lamentarnos por el hecho de tener que cambiar, o podemos celebrar el hecho de que podemos cambiar con la ayuda de Dios. ¡Eso es una buena noticia! Me encantan las buenas noticias; son como agua para el alma sedienta (véase Proverbios 25:25). Estaremos cambiando a lo largo de toda nuestra vida. Si no necesitamos cambiar más, eso significa que estamos muertas. La vida se trata de progreso, y el progresa se trata de cambio; así que si no te gusta el cambio, tendrás que sobreponerte.

Afrontar la verdad

La verdad es algo que necesitamos celebrar, porque no podemos cambiar nada hasta que afrontemos la verdad sobre en qué punto estamos. Y esa normalmente es la parte más difícil. Tampoco podemos cambiar hasta que dejemos de sentirnos culpables por el punto donde estamos en este momento. El proceso de convicción, afrontar la verdad, y disciplinarnos a nosotras mismas para cambiar es parecido a lo que sigue:

Yo estoy comiendo en exceso pero no quiero afrontarlo, así que sigo poniendo excusas. Digo cosas como: "No como tanto como la mayoría de la gente que conozco"; o "Cuanto más envejezco, más lento se vuelve mi metabolismo"; o "La secadora debe de haber encogido mis pantalones". Este año, cuando saqué mis pantalones de verano, observé que me quedaban mucho más ajustados. Ya que el año anterior había necesitado que me agrandasen un poco algunos de ellos, estaba segura de que la costurera los metió demasiado y que yo sencillamente no lo había notado el año anterior. Mi punto es que nuestras excusas son interminables; realmente son razones llenas de mentiras. La siguiente fase para mí es afrontar la verdad de que estoy comiendo en exceso. Si llegas a este punto, hasta podrías querer decirlo en voz alta o confesarlo a una amiga: "He estado comiendo demasiado, y por eso he ganado peso". La verdad te hará libre.

Para mí, veo que anotar *todo* lo que como durante dos semanas me ayuda a volver al camino correcto. En primer lugar, tiendo a no comer en exceso si tengo que anotarlo y leo mi lista; y en segundo lugar, comienzo a darme cuenta de lo excesiva que me he vuelto cuando comienzo a decir no a cosas para no tener que anotarlas.

Una vez que he afrontado la verdad y he entendido plenamente lo que hice y qué causó mi problema, no es tan difícil arreglarlo. Yo normalmente siento un poco de hambre por unos tres días, pero hasta puedo evitar eso mordisqueando zanahorias y apio. No mucho tiempo después vuelvo a mi peso ideal, me siento bien por cómo me sienta la ropa, y me siento bien porque me estoy disciplinando. Entonces puedo tener mis días de celebración (días de galleta) sin un sentimiento que me carcome diciéndome que estoy haciendo lo incorrecto. Acabo de pasar por una de mis épocas de ajuste mientras escribo este libro, y estoy celebrando el hecho de que puedo ver la verdad, recibir convicción y, con la ayuda de Dios, hacer los cambios que necesito hacer. Jesús vino a traer buenas nuevas, y parte de esas buenas nuevas es que podemos encontrar una manera de celebrar todo si la buscamos.

Niégate a vivir con lamentos

Parte de disciplinarnos para celebrar la vida es negarnos a vivir con lamentos. Hay un tiempo para lamentar, pero no nos atrevamos a permitir que se convierta en un modo de vida. La Biblia dice que el lloro (lamento) dura una noche, pero el gozo viene en la mañana (véase Salmo 30:5). Hay cosas que suceden en la vida por las cuales hay que llorar legítimamente, pero el gozo siempre regresa para equilibrar las cosas. Debemos dejar que el gozo vuelva a nuestra vida después de los tiempos de tristeza y no sentirnos culpable por disfrutar de la vida después de haber sufrido un desengaño o incluso una tragedia. Hay un tiempo para lamentar y un tiempo para regocijarse, pero no debemos vivir en el estado de lamento.

Parte de la vida consiste en tratar adecuadamente la tristeza y el desengaño. No podemos evitarlos —y no deberíamos negar las emociones que conlleva la pérdida de cualquier tipo—, ¡pero *podemos* recuperarnos! Yo me entristecí cuando me enteré de que un empleado de confianza nos había estado robando, pero me regocijé cuando Dios sacó ese mal a la luz y se descubrió. Tengo un tiempo para llorar cuando mueren personas a las que quiero, pero también me regocijo porque conocían a Jesús y están pasando la eternidad con Él. Estoy triste cuando comprendo que he permitido que un área de mi vida se desequilibre por falta de disciplina, pero puedo regocijarme porque ahora veo la verdad y vuelvo a estar en el camino. Para todo lamento hay una razón que contrarresta para celebrar, y aunque el lamento es adecuado y hasta es parte de nuestra sanidad, no puede durar para siempre. No podemos vivir en un estado de lamento por cosas que han sucedido y que no podemos cambiar. En Cristo siempre hay un lugar de nuevos comienzos, y esa es una buena noticia que vale la pena celebrar.

En Cristo siempre hay un lugar de nuevos comienzos, y esa es una buena noticia que vale la pena celebrar.

Nosotras prolongamos nuestras tragedias cuando seguimos lamentándonos por ellas mucho tiempo después de que han acabado. Fácilmente podemos cometer el error de lamentar lo que hemos perdido en lugar de contar lo que hemos dejado y avanzar. Yo perdí mi niñez y mi inocencia por el abuso, y ciertamente fue trágico. Aunque me alejé de la situación abusiva a la edad de dieciocho años, continué llorando y viviendo en lamento y amargura durante aproximadamente otros treinta años. Solamente cuando el Espíritu Santo me enseñó los principios que estoy compartiendo contigo en este libro, entendí la importancia de negarme a seguir lamentándome más. Fue una decisión que tomé basada en la promesa de Dios de una nueva vida disponible para mí en Jesús.

Vemos este principio de manera hermosa en el libro de Ester. El pueblo judío estaba siendo oprimido y amenazado con la extinción, pero Dios le liberó. En cuanto la liberación quedó asegurada, se les dijo que no lamentasen más, sino que declarasen una fiesta durante la cual descansarían, festejarían, estarían contentos y enviarían ofrendas a los pobres. También se les dijo que guardasen esa fiesta cada año a fin de recordar el momento en que obtuvieron descanso de sus enemigos, y como el mes en que su tristeza fue transformada en alegría (Ester 9:18–22).

Ellos no sólo habían sido liberados físicamente, sino también escogieron no seguir pensando y hablando sobre la tragedia del pasado. Yo tuve que hacer lo mismo a fin de ser verdaderamente libre. Me alejé del abuso a la edad de dieciocho años, pero continué en mi alma otros treinta. Mi alma necesitaba unas vacaciones, pero yo ni siquiera sabía que había unas a mi disposición. Gracias a Dios por la revelación y la verdad que nos hace libres. Cuando la conocemos, podemos disciplinarnos para actuar en consecuencia y disfrutar de los beneficios de conocer y servir a Dios. Dios dice que nos regocijemos y celebremos, y debemos disciplinarnos para hacerlo.

Es mi oración que a medida que comparto estas cosas contigo, te ayuden a evitar desperdiciar años de tu vida lamentándote, como yo lo hice. Afortunadamente, puedes beneficiarte de ellas a una edad más temprana que yo, pero cualquiera que sea tu edad, regocíjate porque ahora ves la luz y puedes comenzar a celebrar hoy. Aunque no "sientas" celebrar, puedes disciplinarte para hacerlo y tus sentimientos al final seguirán a tu decisión.

Yo no puedo celebrar... ¡sigo teniendo mi problema!

Quizá sigas teniendo tu problema y aún no hayas sido liberada como lo fueron Ester y su pueblo. Puede que pienses que no puedes celebrar porque aún no hay nada que celebrar, pero puedes comenzar por fe porque tienes tu esperanza en Dios.

El salmista David nos da un buen ejemplo de esto en los Salmos. Él habló a su propia alma y le preguntó por qué estaba triste a causa de sus enemigos y por qué estaba abatida. Entonces le dijo a su propia alma que pusiera su esperanza en Dios y esperase con expectación en Dios, que era quien levantaba su cabeza (véase Salmo 42:9–11). Nuestra expresión es el aspecto que tenemos en nuestro rostro, así que David en realidad estaba diciendo que Dios podía ayudarle a sonreír aun en medio de sus desagradables circunstancias. Yo he descubierto que hablarme a mí misma (mi alma) con frecuencia es muy útil. No nos atrevamos a permitir que nuestras emociones controlen nuestros actos. Si lo hacemos, entonces estamos permitiendo que el diablo y nuestra carne nos controlen en lugar de que nos controle el Espíritu Santo. David entendió que estaba triste, deprimido y abatido, así que se dijo a sí mismo (a su alma) que sonriese y tuviese esperanza en Dios.

Si conoces el poder de la esperanza y la fe, no tienes que esperar a que tus circunstancias cambien para comenzar a celebrar. Aun mientras escribo este libro, estamos esperando un informe de patología de uno de nuestros familiares que podría significar graves problemas en caso de que no sea positivo. Confiamos en Dios y seguimos regocijándonos en Él porque no tienen ningún sentido hacer ninguna otra cosa. Toda nuestra vida está llena de altibajos, pero no tenemos por qué ir arriba y abajo nosotras también. ¡Podemos permanecer estables en Dios! ¡Dios nos sonríe y nosotras podemos devolverle la sonrisa! Como Dios se sienta en los cielos y se ríe ante sus enemigos, seguramente también nosotras podemos sonreír (véase Salmo 2:4; Salmo 37:13).

Si conoces el poder de la esperanza y la fe, no tienes que esperar a que tus circunstancias cambien para comenzar a celebrar.

¡Buenas noticias!

Richard J. Foster nos recuerda en su libro que la celebración está en el centro del corazón de Dios. Jesús entró en el mundo con una nota de celebración: "Miren que les traigo buenas noticias que serán motivo de mucha alegría" (Lucas 2:10). Jesús también dejó al mundo su paz y gozo a los discípulos. "La paz les dejo; mi paz les doy" (Juan 14:27). "Les he dicho esto para que tengan mi alegría y *así* su alegría sea completa" (Juan 15:11).

Jesús comenzó su ministerio público proclamando el año del jubileo. Él quería que la gente entendiese que un jubileo perpetuo (celebración) de espíritu ahora estaba disponible. Cautivos fueron liberados, deudas fueron canceladas, los ciegos recibieron la vista, los oprimidos fueron liberados, y los pobres recibieron buenas noticias (véase Lucas 4:18–19).

Jesús quería que las personas supieran que ya no tenían que preocuparse y estar ansiosas; podían confiar en que Él se ocuparía de ellas, y esto formaba la base para la celebración. La carga de arreglar todo lo que no estaba bien en la vida ya no era de ellos; ¡podían vivir sin temor! Podían echar su ansiedad sobre Él y vivir en celebración.

"La celebración es central para todas las disciplinas espirituales. Sin un espíritu gozoso de festividad, las disciplinas se vuelven pesadas, herramientas que respiran muerte en manos de los modernos fariseos. Cada discípulo debería estar caracterizado por una despreocupada alegría y un sentimiento de gratitud", dice Richard Foster.[1] Es vital que nos disciplinemos a nosotras mismas para celebrar; de otro modo, no podremos mantener ninguna de las otras disciplinas que son necesarias para una vida exitosa.

Los medios de comunicación actualmente llenan el mundo de malas noticias. Informan de cada tragedia, asesinato y robo; pasan y vuelven a pasar reportajes de políticos y otros líderes que son deshonestos e inmorales. No hay nada edificante en las noticias de la noche en la televisión o en los periódicos, ¡pero yo tengo un libro a mi lado en este momento que está lleno de buenas noticias! Es la Biblia, y es el libro en el que baso mi vida. ¡Jesús vino para traer buenas noticias! ¡Él predicó buenas noticias! El mundo en que vivimos y nuestras vidas no están sin esperanza, ¡porque Jesús está vivo! Él es la luz en las tinieblas y la esperanza para los desesperanzados.

Hay buenas noticias produciéndose en todo el mundo, pero los medios de comunicación rara vez informan de ellas. Por ejemplo, acabamos de recibir el informe de patología de nuestro familiar, y fue totalmente positivo. ¡Eso es una buena noticia! Todos deberíamos contar una y otra vez cada buena noticia que oigamos. Deberíamos hacer guerra contra el generalizado espíritu que hay en el mundo de tristeza, depresión y temor con un genuino espíritu de celebrar lo que Dios ha hecho por nosotros y lo que está haciendo cada día de nuestra vida. Yo he decidido nadar corriente arriba en contra de la corriente negativa que hay en nuestra sociedad. Sigamos juntas en el camino estrecho que conduce a la vida, y evitemos el camino ancho que conduce a la destrucción.

Unámonos al apóstol Pablo en su declaración de celebrar la vida sin importar lo que estuviera sucediendo a su alrededor: "Sin embargo, considero que mi vida carece de valor para mí mismo, con tal de que termine mi carrera y lleve a cabo el servicio que me ha encomendado el Señor Jesús, que es el de dar testimonio del evangelio [*las buenas noticias*] de la gracia de Dios" (Hechos 20:24).

*   *   *

A veces, cuando llegamos al final de un libro, hemos asimilado tanta información que puede que hayamos olvidado los puntos principales que el autor esperaba establecer. Yo no quiero que eso suceda con este libro, así que me gustaría recordarte algunas cosas:

1. Come la galleta… ¡compra los zapatos! La galleta es sólo un símbolo de un principio que estoy compartiendo. Haz algo que te guste y disfrutes, y no te sientas culpable por ello. Tampoco dejes que las personas

adictas al trabajo y desequilibradas que hay en tu vida te hagan sentir culpable.

2. Si no sabes qué te gusta porque no has tomado tiempo para disfrutar mucho de ninguna cosa en tu vida, entonces comienza a experimentar y a descubrir. Puede que hasta tengas que desarrollar intereses, pero cualquier cosa que tengas que hacer, hazla y niégate a vivir sin celebración.

3. Recompénsate a ti misma por el progreso y deja de castigarte por todo lo que consideras un error o un fracaso. Recuerda que nunca fracasas realmente si sigues hacia delante, y Dios está listo para perdonar tus faltas, errores y pecados si tú simplemente se le pides que lo haga.

4. ¡Aprende a relajarte y alegrarte! No seas tan intensa con respecto a los problemas y los desafíos de la vida. Es dudoso que todos ellos se vayan alguna vez, así que necesitamos aprender a coexistir con ellos alegremente.

5. Celebra la disciplina porque es tu amiga y no tu enemiga.

6. Disciplínate para celebrar, ¡porque a Dios le encantan las fiestas!

7. ¡Celébrate a ti porque te lo mereces!

8. Celebra a Jesús porque Él es absolutamente el regalo más grande y más increíble que tenemos.

Bien, ¡el libro ha terminado y yo lo voy a celebrar! ¡Van a venir a visitarme unas amigas y les dije que trajeran mi galleta! Si te estás preguntando acerca de esta galleta, en realidad son dos galletas con pedazos de chocolate y que tienen un relleno (deberías probar una). Sí que me disciplino a mí misma para comer sólo la mitad de una, porque la última vez que me la comí entera sentí náuseas. Terminar de escribir un libro entero merece más que la mitad de una galleta, así que voy a salir a cenar con algunos de mis familiares y voy a reírme tanto como pueda. Después de cenar voy a ver una buena película. Ayer celebré casi haber terminado el libro llevando de compras a mis dos maravillosas nueras. Estoy decidida a encontrar algo que celebrar cada día de mi vida, y te invito a que te unas a mí en mi búsqueda.

NOTAS

11. Dale unas vacaciones a tu alma

1. W. E. Vine, *Vine's Expository Dictionary of New Testament Words: A Comprehensive Dictionary of the Original Words with their Precise Meanings for English Readers* (Mac Donald Publishing, 1989).
2. Watchman Nee, *Balanced Christian Life* (Christian Fellowship Publishers, New York, 1981).

12. Prioridades

1. A. W. Tozer, *The Pursuit of God* (Christian Publications, New York, 1948), pp. 101–102.

15. Celebra la disciplina

1. Richard J. Foster, *Celebration of Discipline: The Path to Spiritual Growth* (Harper SanFrancisco, San Francisco, 1983). p. 1.
2. Ibid., p. 9.
3. Maxwell, John C., *Failing Forward: Turning Mistakes into Stepping Stones for Success* (Thomas Nelson, Nashville, 2000).

16. Disciplínate a ti misma para celebrar

1. Richard J. Foster, *Celebration of Discipline: The Path to Spiritual Growth* (Harper SanFrancisco, San Francisco, 1983). p. 191.

ACERCA DE LA AUTORA

JOYCE MEYER es una de las principales maestras prácticas de la Biblia. Escritora número 1 de éxitos de venta del *New York Times*, ha escrito más de ochenta libros inspiracionales, entre los que se incluyen *La revolución de amor, Never Give Up!*, toda la familia de libros El Campo de Batalla de la Mente, y dos novelas: *The Penny* y *Any Minute*, al igual que muchos otros. También ha publicado miles de enseñanzas en audio, al igual que una completa videoteca. Los programas de radio y televisión de Joyce, *Disfrutando la vida diaria*® se transmiten en todo el mundo, y ella viaja ampliamente realizando conferencias. Joyce y su esposo, Dave, tienen cuatro hijos adultos y residen en St. Louis, Missouri.

OTROS LIBROS DE JOYCE MEYER

How to Succeed at Being Yourself

Weary Warriors, Fainting Saints

Be Anxious for Nothing*

Straight Talk Omnibus

Don't Dread

Managing Your Emotions

Healing the Brokenhearted

Me and My Big Mouth!*

Prepare to Prosper

Do It Afraid!

*Expect a Move of God
in Your Life . . . Suddenly!*

*Enjoying Where You Are on the
Way to Where You Are Going*

A New Way of Living

When, God, When?

Why, God, Why?

The Word, the Name, the Blood

Tell Them I Love Them

Peace

If Not for the Grace of God*

Libros de Joyce Meyer en español

*Las Siete Cosas Que Te Roban el Gozo
(Seven Things That Steal Your Joy)*

Empezando Tu Día Bien (Starting Your Day Right)

La Revolución de Amor

* Guía de estudio disponible para este título.

Libros de Dave Meyer

Life Lines